A NECESSIDADE DA ORAÇÃO

A NECESSIDADE
DA ORAÇÃO

SÉRIE:
VIDA DE ORAÇÃO

A NECESSIDADE DA ORAÇÃO

EDWARD M. BOUNDS

• • •

Editora Vida
Rua Conde de Sarzedas, 246 – Liberdade
CEP 01512-070 – São Paulo, SP
Tel.: 0 xx 11 2618 7000
atendimento@editoravida.com.br
www.editoravida.com.br

Editor responsável: Marcelo Smargiasse
Editor assistente: Gisele Romão da Cruz
Tradução: Onofre Muniz
Revisão de tradução: Sônia Freire Lula Almeida
Revisão de provas: Josemar de Souza Pinto
Projeto gráfico e diagramação: Claudia Fatel Lino
Capa: Arte Peniel

©2016, Edward M. Bounds
Originalmente publicado em inglês com o título *The Necessity of Prayer*.

■

Todos os direitos desta tradução em língua portuguesa reservados por Editora Vida.

Proibida a reprodução por quaisquer meios, salvo em breves citações, com indicação da fonte.

■

Scripture quotations taken from Bíblia Sagrada, Nova Versão Internacional, NVI®.
Copyright © 1993, 2000, 2011 Biblica Inc.
Used by permission.
All rights reserved worldwide.
Edição publicada por Editora Vida, salvo indicação em contrário.

Todas as citações bíblicas e de terceiros foram adaptadas segundo o Acordo Ortográfico da Língua Portuguesa, assinado em 1990, em vigor desde janeiro de 2009.

1. edição: ago. 2016
1ª reimp.: out. 2018
2ª reimp.: mar. 2019
3ª reimp.: out. 2020

Dados Internacionais de Catalogação na Publicação (CIP)
(Câmara Brasileira do Livro, SP, Brasil)

Bounds, Edward M., 1835-1913.
   A necessidade da oração / Edward M. Bounds ; [tradução Onofre Muniz].
-- São Paulo : Editora Vida, 2016. -- (Série Vida de oração)

   Título original: *The Necessity of Prayer*
   ISBN 978-85-383-0334-3

   1. Oração – Cristianismo 2. Vida cristã – I. Título. II. Série.

16-03111	CDD-248.32

Índices para catálogo sistemático:

1. Oração : Prática religiosa : Cristianismo 248.32

SUMÁRIO

Prefácio...7

1. Oração e fé...9

2. Oração e fé (continuação)...................................20

3. Oração e confiança...33

4. Oração e desejo..45

5. Oração e fervor..57

6. Oração e persistência...64

7. Oração e persistência (continuação)....................73

8. Oração, caráter e conduta....................................81

9. Oração e obediência...91

10. Oração e obediência (continuação)..................105

11. Oração e vigilância...112

12. A oração e a Palavra de Deus...........................124

13. A oração e a Palavra de Deus (continuação)..............134

14. A oração e a casa de Deus................................142

PREFÁCIO

EDWARD MCKENDREE BOUNDS não orava de forma exemplar somente para escrever melhor sobre oração. Orava porque as necessidades do mundo estavam sobre ele. Orou, durante muitos anos, por assuntos sobre os quais o cristão indolente raramente reflete, por coisas que homens de pouca consideração e fé prontamente classificam como impossíveis. De suas solitárias vigílias de oração, ano após ano, surgiram ensinamentos que poucos homens na história da igreja moderna conseguiram igualar. Escreveu de forma transcendente sobre oração, pois ele mesmo, na prática, foi transcendente.

Assim como respirar é uma realidade física para nós, tal era a oração para Bounds. Ele aplicou o mandamento "Orem sem cessar" tão literalmente quanto a natureza viva aplica a lei do sistema nervoso reflexo, que controla nossa respiração.

Livros sobre oração — verdadeiros livros sobre oração, não receitas de oração — foram os frutos de seu exercício espiritual diário. Nem mesmo um breve artigo para a imprensa religiosa saiu de sua caneta — embora tivesse vasta experiência nesse campo — nem panfletos; o resultado e o produto se fizeram notar em livros. O autor foi prejudicado pela pobreza, pela obscuridade e pela perda de prestígio; além disso, sua vitória somente se tornou completamente manifesta após sua morte.

Em 1907, deu ao mundo duas pequenas edições. Uma delas circulou amplamente na Inglaterra. Os anos posteriores antes de sua morte, em 1913, foram preenchidos com um trabalho constante até que se reuniu com Deus no lar celestial, deixando uma coleção de manuscritos. Suas cartas deixaram o pedido para que seu editor publicasse os produtos de sua talentosa pena.

A preservação dos manuscritos de Bounds até o presente momento foi indubitavelmente oportuna. O trabalho de preparação para sua publicação foi um trabalho de amor e anos de exaustivos esforços.

Estes livros são mananciais infalíveis para uma vida inteira de suprimento espiritual. São tesouros escondidos, lavrados na escuridão do crepúsculo e ao calor do meio-dia, na bigorna da experiência, e forjados no maravilhoso molde pela batida poderosa do Divino. São vozes vivas pelas quais ele, mesmo morto, ainda fala.

CLAUDE CHILTON JR.

1. ORAÇÃO E FÉ

Um grande amigo meu, amante da caça, contou-me a seguinte história: "Acordei cedo certa manhã", disse ele, "ouvi o uivo de uma matilha de cães perseguindo uma presa. Na campina que se descortinava à minha frente, vi um cervo novo atravessando o caminho e dando sinais de que sua corrida praticamente chegava ao fim. Alcançando o trilho da cerca, saltou e se agachou a três metros de onde eu estava. Momentos depois, dois dos cães vieram, e o cervo correu na minha direção, empurrando a cabeça entre minhas pernas. Tomei o pequeno cervo nos braços, e, girando de um lado para o outro, repeli os cães. Senti, então, que todos os cães no Oeste não podiam e não deviam capturar aquele cervo, depois que sua fraqueza apelara à minha força. É assim que acontece quando o desamparo humano apela ao Deus Poderoso. Lembro-me bem quando os cães do pecado estavam atrás da minha alma, até que, por fim, corri para os braços do Poderoso Deus."

A. C. DIXON

QUALQUER ESTUDO DE PRINCÍPIOS e procedimentos sobre oração, de suas atividades e empreendimentos, deve, primeiramente, ser orientado pela fé. É a qualidade inicial no coração de um homem que experimenta falar com o Invisível. O homem deve, por pura impotência, estender as mãos da fé. Ele *deve* crer quando não pode provar. No final das contas, oração é simplesmente fé, clamar por suas prerrogativas naturais e maravilhosas — a fé tomando posse de sua herança ilimitada. A verdadeira piedade é tão real, firme e perseverante no reino da fé quanto no domínio da oração. Além disso, quando a fé para de orar, para de viver.

A fé faz o impossível porque faz que Deus se encarregue de nós, e nada é impossível para Deus. Como é grande — sem qualificação ou limitação — o poder da fé! Se a dúvida for banida do coração, e a descrença não encontrar lugar aí, o que pedirmos a Deus certamente sucederá, pois a quem crê é concedido "tudo o que ele disser".

A oração projeta a fé em Deus, e Deus no mundo. Somente Deus pode mover montanhas, mas fé e oração movem Deus. Em sua maldição à figueira, nosso Senhor demonstrou seu poder. Em seguida, procede declarando que grandes poderes estão atrelados à fé e oração; não para matar, mas para vivificar; não para destruir, mas para abençoar.

Neste ponto do nosso estudo, voltamos a um dito do nosso Senhor, que precisa ser enfatizado, pois é a pedra angular do arco da fé e da oração: " 'Portanto, eu digo: Tudo o que vocês pedirem em oração, creiam que já o receberam, e assim sucederá' " (Marcos 11.24).

Devemos ponderar bem esta declaração: "[...] 'creiam que já o receberam, e assim sucederá' ". Aqui é descrita uma fé que se concretiza, que se apropria, que *agarra*. Tal fé é uma consciência do Divino, uma comunhão experimentada, uma certeza realizada.

Estaria a fé aumentando ou diminuindo com o passar dos anos? A fé tem permanecido firme e forte nestes dias, enquanto a iniquidade prolifera e o amor de muitos se esfria? A fé tem mantido seu poder, enquanto a religião tende a se tornar uma mera formalidade, enquanto o mundanismo prevalece cada vez mais? A indagação do Senhor pode, com grande propriedade, ser a nossa: " '[...] quando o Filho do homem vier, encontrará fé na terra?' " (Lucas 18.8). Cremos que achará, e compete a nós, nos nossos dias, cuidar para que a lamparina da fé esteja preparada e acesa, a fim de que aquele que *virá* não nos pegue de surpresa.

A fé é o alicerce do caráter cristão e a segurança da alma. Quando Jesus esperava pela negação de Pedro, e o alertava sobre isso, disse a seu discípulo: " 'Simão, Simão, Satanás pediu vocês para peneirá-los como trigo. Mas eu orei por você, para que a sua fé não desfaleça [...]' " (Lucas 22.31,32). Nosso Senhor estava declarando uma verdade central; era a fé de Pedro que ele buscava guardar; pois bem sabia que, quando a fé desfalece, os fundamentos da vida espiritual cedem, e toda a estrutura da experiência religiosa cai. Era a fé de Pedro que devia ser guardada. Daí o pedido de Cristo pelo bem-estar da alma de seu discípulo e sua determinação em fortalecer a fé de Pedro pela poderosa oração de Jesus.

Em sua segunda epístola, Pedro tem em mente essa ideia ao falar sobre o crescimento na graça como medida de segurança na vida cristã e a fecundidade que disso resulta:

> Por isso mesmo, empenhem-se para acrescentar à sua fé a virtude; à virtude o conhecimento; ao conhecimento o domínio próprio; ao domínio próprio a perseverança; à perseverança a piedade (2Pedro 1.5,6).

A fé era o ponto de partida desse processo de acréscimo — a base para outras graças do Espírito. A fé era o fundamento sobre o qual outras realidades seriam edificadas. Pedro não encoraja seus leitores a que acrescentem algo a obras, dons ou virtudes, mas à fé. Na empreitada de crescer na graça, faz-se extremamente necessário começar de forma correta. Há uma ordem divina, da qual Pedro estava ciente; por isso, ele prossegue declarando que devemos nos empenhar em tornar segura a nossa vocação e eleição, cuja eleição é considerada certa pela adição da fé,

1. Oração e fé **13**

que, em troca, é feita por constante e sincera oração. Assim a fé é mantida viva pela oração, e cada passo dado, nessa adição de graça em graça, é acompanhado pela oração.

A fé que gera oração poderosa é a fé centrada na Pessoa que tem todo o poder. Fé na competência de Cristo em *fazer*, e *fazer de forma grandiosa*, é a fé que ora grandiosamente. Por isso, o leproso lança mão do poder de Cristo: "[...] 'Senhor, se quiseres' ", clamou, " 'podes purificar-me!' " (Mateus 8.2). Nesse momento, nos damos conta de como a fé centrada na capacidade de Cristo em *realizar* garantiu o poder da cura.

No que diz respeito a esse ponto, Jesus questionou os homens cegos que vieram até ele para serem curados: "[...] 'Vocês creem que eu sou capaz de fazer isso?' Eles responderam: 'Sim, Senhor!' E ele, tocando nos olhos deles, disse: 'Que seja feito segundo a fé que vocês têm!' " (Mateus 9.28,29).

Foi para inspirar a fé em sua capacidade de *fazer* demonstrada por Jesus em sua grande declaração final que, em última análise, é um grande desafio à fé: "[...] 'Foi-me dada toda a autoridade nos céus e na terra' " (Mateus 28.18).

Novamente: a fé é obediente; caminha quando comandada, como fez o homem nobre, que foi até Jesus — enquanto este estava em forma humana — e cujo filho estava gravemente enfermo.

Mais ainda: essa fé age. Como o cego de nascença, que vai se lavar no tanque de Siloé quando *ordenado* que o faça. Como Pedro em Genesaré, que joga imediatamente as redes na direção que Jesus ordena, sem questionar ou duvidar. Tal fé retira a pedra do sepulcro de Lázaro prontamente. Uma fé que provém da oração mantém os mandamentos de Deus e faz aquilo que é prazeroso aos olhos dele. Essa fé pergunta: "Senhor, que queres que eu faça?" e responde de imediato: "Fala, Senhor, que teu servo ouve". A obediência auxilia a fé, que, por sua vez, auxilia a obediência. Para fazer a vontade de Deus, é essencial ter verdadeira fé, e a fé é necessária para absoluta obediência.

Ainda assim, a fé, frequentemente, é chamada a esperar com paciência em Deus e está preparada para a aparente demora de Deus em responder a ela. A fé não cresce desmotivada por não ser imediatamente honrada; considera Deus em sua Palavra e o deixa levar o tempo que ele decidir para completar seus propósitos e continuar sua obra. Há a tendência de demorar e levar muitos dias de espera, mas a verdadeira fé aceita as condições — sabe que haverá atrasos em responder à oração e encara tais atrasos como teste, no qual tem o privilégio de mostrar sua coragem e o rígido material do qual é feita.

O caso de Lázaro é um exemplo em que houve atraso, no qual a fé de duas mulheres de bem foi intensamente provada: Lázaro estava terrivelmente enfermo, e suas irmãs mandaram chamar Jesus. Mas, sem nenhuma razão aparente, nosso Senhor atrasou sua ida para atender seu amigo doente. O apelo foi urgente e comovente: "[...] 'Senhor, aquele a quem amas está doente' " (João 11.3) — mas isso não moveu o Mestre , e o pedido sincero das mulheres pareceu cair em ouvidos surdos. Que teste de fé! Mais ainda: a demora de Jesus pareceu causar um desastre irremediável. Enquanto Jesus se demorava em atender ao pedido, Lázaro morreu.

Contudo, a demora de Jesus tinha como objetivo um bem maior. Finalmente, ele vai até a casa dos amigos em Betânia: "Então lhes disse claramente: 'Lázaro morreu, e para o bem de vocês estou contente por não ter estado lá, para que vocês creiam. Mas vamos até ele' " (João 11.14,15).

Não tema, ó cristão tentado e provado, Jesus *se manifestará*, se a paciência for exercida e a fé mantida. Sua demora servirá para tornar essa manifestação ainda mais abençoada. Ore. Espere. Você não pode falhar. Se Cristo demorar, espere-o. Ele virá em seu tempo oportuno; não tardará.

A demora é geralmente o teste e a força da fé. Quanta paciência é requerida quando vêm tais tempos de provação! Ainda assim, a fé junta forças pela espera e pela oração. A paciência tem seu trabalho perfeito na escola da demora. Em alguns casos, a demora é a própria essência da oração. Deus tem muitas coisas a fazer que antecedem a resposta final — realidades que são essenciais ao bem eterno daquele que solicita o favor das mãos do Senhor.

Jacó orou, com propósito e fervor, para ser salvo de Esaú. Mas, antes que aquela oração fosse respondida, havia muito a ser feito por e com Jacó. Ele deveria ser mudado, assim como Esaú. Jacó tinha que ser transformado em um novo homem, antes que Esaú pudesse ser um. Jacó teria que se converter a Deus, antes que Esaú se convertesse a Jacó.

Entre as muitas notáveis declarações de Jesus sobre oração, nenhuma é mais impressionante do que esta:

> "Digo a verdade: Aquele que crê em mim fará também as obras que tenho realizado. Fará coisas ainda maiores do que estas, porque eu estou indo para o Pai. E eu farei o que vocês pedirem em meu nome, para que o Pai seja glorificado no Filho. O que vocês pedirem em meu nome, eu farei" (João 14.12-14).

Quão impressionantes são essas declarações do que Deus fará em resposta à oração. Como são importantes essas palavras, antecedidas com a mais solene veracidade! A fé em Cristo é a base de toda obra e de toda oração. Todas as obras impressionantes dependem de orações impressionantes, e toda oração é feita em nome de Jesus Cristo. Que lição incrível, de estrondosa simplicidade, é essa oração em nome do Senhor Jesus! Todas as outras condições são depreciadas, tudo mais é renunciado, salvo apenas Jesus. O nome de Cristo — a Pessoa do nosso Senhor e Salvador Jesus Cristo — deve ser supremamente soberano na hora e no conceito da oração.

Se Jesus habita na fonte da minha vida; se os rumos da vida dele deslocaram e substituíram todos os meus rumos; se a obediência absoluta a ele for a inspiração e a força de cada momento da minha vida, então ele pode seguramente conciliar a oração à minha vontade e se empenhar por uma obrigação tão profunda quanto sua própria natureza, para que o que for pedido seja concedido. Nada pode ser mais claro, distinto e ilimitado, tanto na aplicação quanto na extensão, do que a exortação e urgência de Cristo: "Tenha fé em Deus".

A fé cobre as necessidades temporais e espirituais. A fé dissipa toda ansiedade indevida e preocupação desnecessária sobre o que comer, o que beber, o que vestir. A fé vive no presente e considera que cada dia tem suficientemente seu próprio mal. A fé vive dia após dia e dissipa todo temor do amanhã. A fé traz grande sossego à mente e paz ao coração:

"Tu, Senhor, guardarás em perfeita paz aquele cujo propósito está firme, porque em ti confia" (Isaías 26.3).

Quando oramos: "Dá-nos hoje o pão de cada dia", estamos, de certa forma, excluindo o amanhã da nossa oração. Não vivemos o amanhã, mas o agora. Não buscamos a graça ou o pão de amanhã. Os que vivem no presente prosperam e obtêm o melhor da vida. Oram melhor os que oram pelas necessidades presentes, não pelas futuras, as quais podem tornar nossas orações desnecessárias e redundantes por não existirem ainda!

As verdadeiras orações nascem das provações e necessidades presentes. O pão, para o dia de hoje, é o suficiente. O pão dado para hoje é a maior garantia de que haverá pão amanhã. A vitória de hoje é a certeza da vitória de amanhã. Nossas orações precisam estar focadas no presente, devemos confiar em Deus hoje, e deixar o futuro com ele. O presente é nosso; o futuro pertence a Deus. A oração é a tarefa e a incumbência de um dia após o outro — oração diária para necessidades diárias.

Como cada dia demanda seu pão, assim cada dia demanda sua oração. Nenhuma quantia de oração feita hoje bastará para a oração de amanhã. Por outro lado, nenhuma oração pelo amanhã tem valor para nós hoje. O maná de hoje é o que necessitamos; amanhã Deus verá que nossas necessidades foram supridas. Este é o tipo de fé que Deus busca inspirar. Portanto, deixe o amanhã, com suas preocupações, necessidades e problemas nas mãos de Deus. Não há como armazenar a graça e a oração de amanhã; tampouco há como armazenar a graça de hoje para as necessidades de amanhã. Não podemos ter a graça do amanhã, comer o pão do amanhã, orar pelo amanhã. "[...] 'Basta a cada dia o seu próprio mal' " (Mateus 6.34); e, sem dúvida, se possuímos fé, teremos o suficiente.

2. ORAÇÃO E FÉ
(CONTINUAÇÃO)

Os hóspedes de certo hotel estavam incomodados pelo dedilhado repetido em um piano, feito por uma pequena menina que não possuía nenhum conhecimento musical. Reclamaram ao proprietário do hotel para que o incômodo cessasse. "Desculpem-nos pelo incômodo", disse, "mas a criança é filha de um dos meus melhores hóspedes. Não poderia pedir a ela para não tocar o piano. Mas seu pai, que está fora por alguns dias, voltará amanhã. Poderão, então, falar com ele e decidir o assunto". Quando o pai retornou, encontrou a filha na recepção e, como sempre, batendo no piano. Caminhou por detrás da criança e, colocando seus braços por cima dos ombros dela, pôs as mãos da menina sobre as dele e produziu uma das mais belas músicas. Assim é conosco, e assim será um dia. No momento, podemos apenas produzir clamor e desarmonia, mas, um dia, o Senhor Jesus tomará nossas mãos de fé e oração e as usará para extrair música dos céus.

ANON

A FÉ GENUÍNA E autêntica deve ser precisa e livre de dúvidas. Não simplesmente de caráter geral; não a mera crença na natureza, na bondade e no poder de Deus, mas uma fé que acredita que exatamente o que se pede será feito. Assim como a fé é específica, a resposta será precisa: "o que diz, assim lhe será feito". A fé e a oração perseverante nomeiam as demandas ao Senhor, e Deus se compromete a executá-las.

A Bíblia diz em Marcos 11.24: "Portanto, eu digo: 'Tudo o que vocês pedirem em oração, creiam que já o receberam, e assim sucederá' ". A perfeita fé sempre mantém o que a oração perfeita pede. Quão ampla e indefinida é a parte "Tudo o que vocês pedirem"! Quão definida e específica é a promessa: "assim sucederá".

Nossa principal preocupação é com a fé que temos — os problemas que envolvem seu crescimento e as ações para sua vigorosa maturidade. Uma fé que se agarra e se mantém de acordo com o que foi pedido, sem vacilar, duvidar ou temer, esse é o tipo de fé que necessitamos — fé, como uma pérola de alto valor, no processo e na prática da oração.

A declaração do Senhor sobre oração e fé que acabamos de mencionar é de extrema importância. A fé deve ser definida, específica; uma solicitação sem erros nem ressalvas por aquilo que se pede. Não é algo vago, indefinido e sombrio; deve ser mais do que uma crença abstrata na prontidão e na capacidade de Deus em agir por nós. Deve ser específica, definida e expectante. Observe-se Marcos 11.23: " 'Eu asseguro que, se alguém disser a este monte: 'Levante-se e atire-se no mar', e não duvidar em seu coração, mas crer que acontecerá o que diz, assim lhe será feito' ".

Da mesma forma que a fé e o pedido são definidos, assim será a resposta de oração. A resposta não será outra senão a que está relacionada aos motivos solicitados e nomeados. "[...] o que diz, assim lhe será feito." É imperativo: "[...] lhe será feito". A concessão deve ser ilimitada, tanto em quantidade quanto em qualidade.

Fé e oração selecionam os objetos da petição, determinando, desse modo, o que Deus deverá fazer. "[...] o que diz, assim lhe será feito." Cristo se mantém pronto a atender às demandas da oração e fé de forma exata e completa. Se o pedido a Deus for feito de forma clara, específica e definida, Deus irá realizá-lo, exatamente de acordo com os termos apresentados.

A fé não é uma crença abstrata na Palavra de Deus, nem uma espécie de mera convicção mental, nem um simples consentimento do intelecto e da vontade; nem é uma aceitação passiva dos fatos, e sim sagrada e completa. A fé é uma operação de Deus, uma iluminação divina, uma energia santa implantada pela Palavra de Deus e pelo Espírito na alma humana — um princípio espiritual e divino, que toma o sobrenatural e o faz inteligível pelas faculdades do tempo e do sentido.

A fé lida com Deus e é consciente sobre Deus. Lida com o Senhor Jesus Cristo e o vê como Salvador;

2. Oração e fé (continuação)

lida com a Palavra de Deus e lança mão da verdade; lida com o Espírito de Deus e é energizada e inspirada por seu fogo santo. Deus é o grande objeto da fé, e esta repousa todo o seu peso em sua Palavra. A fé não é o ato inútil da alma, mas a busca de Deus e o repouso em suas promessas. Assim como o amor e a esperança sempre têm um objetivo, tal sucede com a fé. A fé não é a crença em *qualquer* coisa; é a crença em Deus, que descansa nele e confia em sua Palavra.

A fé dá à luz a oração e cresce mais forte, atinge mais fundo, eleva-se mais alto nas lutas e nos combates das petições de poder. Fé é a essência das coisas que se esperam, a certeza e realização da herança dos santos. Também é humilde e perseverante. Pode esperar e orar; pode ficar de joelhos ou deitar no pó. É a grande condição da oração; a falta de fé repousa na raiz de toda oração débil, pífia, mísera e sem resposta.

A natureza e o significado da fé são mais demonstráveis naquilo que ela faz do que por meio de quaisquer definições que lhe sejam conferidas. Assim, se voltarmos aos registros do Rol dos Heróis da Fé de que temos conhecimento no capítulo 11 de Hebreus, vemos alguns dos notáveis resultados da fé. Que lista gloriosa — a da fé de homens e mulheres! Que grandiosas conquistas estão ali registradas, para darem crédito à fé! O autor inspirado, que exaure seus recursos catalogando os santos do Antigo

Testamento, que eram verdadeiros exemplos de fé, finalmente exclama: "Que mais direi? Não tenho tempo para falar de Gideão, Baraque, Sansão, Jefté, Davi, Samuel e os profetas" (v. 32).

Em seguida, o autor de Hebreus prossegue, em grande estilo, narrando façanhas não registradas, moldadas por intermédio da fé dos homens da Antiguidade, dos quais "o mundo não era digno" (v. 38). "Todos esses", diz ele, "receberam bom testemunho por meio da fé" (v. 39).

Que era de gloriosas conquistas despontaria para a Igreja e para o mundo, se apenas pudesse ser reproduzida uma geração de santos com semelhante fé e oração poderosa! Não é de grandeza intelectual que a igreja necessita, nem homens de grandes posses. Não é um povo de grande influência social que se requer nestes dias. Acima de tudo e todos, do que a Igreja e toda a humanidade necessitam é de homens de fé, homens de oração de poder, homens e mulheres em busca do modelo dos santos e heróis mencionados em Hebreus, que "receberam bom testemunho por meio da fé".

Muitos homens, nestes dias, obtêm bom testemunho por suas doações, por seus dons e talentos intelectuais, mas poucos são os que obtêm um "bom testemunho" por causa da grande fé que têm em Deus, ou por causa das maravilhas que são forjadas

2. Oração e fé (continuação)

por meio de suas orações de poder. Hoje e em qualquer época, precisamos de homens de grande fé, que sejam poderosos na oração. Essas são as duas virtudes essenciais que fazem o homem grandioso aos olhos de Deus, que criam condições para o real êxito espiritual na vida e obra da Igreja. É a nossa principal preocupação ver que mantemos uma fé de semelhante qualidade e textura que seja estimada por Deus; que se agarra e que se mantém focada naquilo que pede, sem dúvida nem medo.

A dúvida e o medo são os inimigos gêmeos da fé. Ocasionalmente, usurpam o lugar da fé, e, embora oremos, trata-se de uma oração inquieta, perturbada, apreensiva e por vezes murmurante. Pedro falhou ao caminhar sobre o mar de Genesaré pelo fato de deixar que as ondas o impedissem e inundassem o poder de sua fé. Ao desviar os olhos do Senhor e reparar nas águas ao redor, começou a afundar e teve que clamar por socorro — " 'Senhor, salva-me!' " (Mateus 14.30).

A dúvida nunca deve ser estimada, nem o medo nutrido. Que ninguém tenha a ilusão de ser um mártir caso se abrigue temor e dúvida. Não é nenhum crédito à capacidade mental de um homem alimentar dúvidas a respeito de Deus, e nenhum conforto poderá surgir de tal pensamento. Nossos olhos devem se desviar do eu, afastar-se da própria fraqueza e permitir que repousem implicitamente sobre a força de Deus. "Por isso, não abram mão da confiança que vocês têm; ela será ricamente recompensada" (Hebreus 10.35). A fé simples e confiante, vivida dia a dia, cujo fardo é levado a Deus, a cada hora do dia, dissipará o medo, afastará a apreensão e livrará a pessoa da dúvida: "Não andem ansiosos por coisa alguma, mas em tudo, pela oração e súplicas, e com ação de graças, apresentem seus pedidos a Deus" (Filipenses 4.6).

Essa é a cura divina para todo medo, toda ansiedade e toda preocupação excessivos da alma, os quais são todos semelhantes a dúvida e descrença. Essa é a prescrição divina para assegurar a paz que excede todo o entendimento e que mantém o coração e a mente em paz e tranquilidade.

Todos nós devemos guardar bem e atentar para a admoestação dada em Hebreus: "Cuidado, irmãos, para que nenhum de vocês tenha coração perverso e incrédulo, que se afaste do Deus vivo" (3.12).

Precisamos também nos guardar contra a descrença como faríamos contra um inimigo. A fé precisa ser cultivada. Precisamos persistir orando: "Senhor, aumente a nossa fé", pois a fé pode ser acrescentada. O elogio de Paulo aos tessalonicenses referiu-se ao fato de que a fé deles havia aumentado consideravelmente. A fé cresce quando é exercitada, quando é posta em uso. É nutrida por dolorosas provações.

2. Oração e fé (continuação)

Assim acontece para que fique comprovado que a fé que vocês têm, muito mais valiosa do que o ouro que perece, mesmo que refinado pelo fogo, é genuína e resultará em louvor, glória e honra, quando Jesus Cristo for revelado. (1Pedro 1.7)

A fé cresce ao ler e meditar na Palavra de Deus. Acima de tudo, a fé se desenvolve na atmosfera da oração.

Seria bom se todos nós parássemos e nos questionássemos: "Tenho fé em Deus? Tenho a fé verdadeira — aquela que me mantém em perfeita paz com relação às coisas terrenas e às celestiais?". Estas são as perguntas mais importantes que um homem pode propor e esperar que lhe sejam respondidas. Há outra pergunta, de importância e significado semelhantes: "Eu oro realmente a Deus para que ele me ouça e responda às minhas orações? Oro a Deus para que ele me oriente quanto ao que lhe peço?".

Atribui-se a César Augusto que ele encontrou uma Roma de madeira e transformou-a em uma cidade de mármore. O pastor que consegue transformar um povo que não ora em um rebanho reconhecido pela oração faz uma obra muito mais grandiosa do que Augusto fez com Roma. Acima de tudo, essa é a principal tarefa do pregador. Primeiramente porque está lidando com um povo que não ora — com um povo de quem se pode dizer: "Deus não ocupa todos os seus pensamentos". Em segundo lugar, porque se trata de um povo que ele encontra a todo momento e em todo lugar. Sua principal missão, portanto, é transformá-lo do estado de esquecimento de Deus, desprovido de fé, de falta de oração, em um povo que ora habitualmente, que crê em Deus, que se lembra dele e faz sua vontade. O pregador não é enviado meramente para fazer que as pessoas se unam à igreja, nem meramente para fazê-las agir de forma melhor. E, sim, para fazê-las orar, confiar em Deus, mantê-lo sempre diante de seus olhos e não pecar contra o Senhor.

O trabalho do ministro é transformar pecadores descrentes em santos que oram e creem. O chamado é feito por autoridade divina: "[...] 'Creia no Senhor Jesus, e serão salvos, você e os de sua casa' " (Atos 16.31). Captamos um vislumbre da enorme importância da fé e do alto valor que Deus estabeleceu a seu respeito quando lembramos que ele a tornou condição indispensável para a salvação. "Pois vocês são salvos pela graça, por meio da fé [...]" (Efésios 2.8). Assim, quando contemplamos a grande importância da oração, encontramos a fé a seu lado. Pela fé somos salvos e pela fé *permanecemos* salvos. A oração nos introduz a uma vida de fé. Paulo declara que sua vida foi vivida pela fé no Filho de Deus — que o amou e se entregou por ele — e que andou pela fé, não pelas aparências.

2. Oração e fé (continuação)

A oração depende absolutamente da fé. Na realidade, ela não existe separada da fé, e não conquista nada sem sua companhia inseparável. A fé faz a oração ser eficaz e, de certa forma, deve precedê-la. "Sem fé é impossível agradar a Deus, pois quem dele se aproxima precisa crer que ele existe e que recompensa aqueles que o buscam" (Hebreus 11.6).

Antes que a oração comece perante Deus, antes que a petição seja nomeada e conhecida, a fé deve ter se antecedido, deve ter afirmado sua crença na existência de Deus, deve ter dado sua aprovação à graciosa verdade de que "Deus retribui aos que buscam sua face". Esse é o primeiro passo ao orar. Com respeito a isso, se, por um lado, a fé não traz a bênção, por outro coloca a oração na posição de pedi-la e conduz a outro passo rumo à realização, ao auxiliar o requerente a crer que Deus é capaz e desejoso de abençoar.

A fé faz a oração funcionar — abre o caminho ao propiciatório. Dá a certeza, primeiramente, de que há um propiciatório e de que ali o Sumo Sacerdote aguarda os que oram e as orações. A fé abre o caminho para que a oração chegue a Deus. E faz mais. Acompanha a oração e cada passo que toma. É sua companhia inseparável, e, quando os pedidos são feitos a Deus, é a fé que torna a petição em aquisição. E a fé permite a oração, pois a vida espiritual, a que um cristão é conduzido pela oração, é uma vida de fé. A característica proeminente da experiência, pela qual os que creem são levados pela oração, não é uma vida de obras, mas de fé.

A fé fortalece a oração e habilita a paciência para que espere em Deus. A fé crê que Deus é recompensador. Não há verdade mais claramente revelada e mais encorajadora nas Escrituras do que essa. Até mesmo a oração em secreto tem sua recompensa prometida: " '[...] Então seu Pai, que vê em secreto, o recompensará' " (Mateus 6.6), pois o mais insignificante serviço incumbido a um discípulo em nome do Senhor recebe certamente sua recompensa. E a essa preciosa verdade a fé dá seu sincero consentimento.

Além disso, a fé se resume a algo em particular — não crê que Deus irá recompensar todos os que oram, mas que recompensa aqueles que o buscam com persistência. A fé repousa sua atenção na diligência em oração e confere segurança e encorajamento aos que buscam Deus com perseverança, pois são eles, e somente eles, que são ricamente recompensados quando oram.

Precisamos constantemente relembrar que a fé é condição inseparável da oração bem-sucedida. Há outras considerações implícitas nesse exercício, mas a fé é condição final e inseparável da verdadeira oração. Como está escrito em uma declaração familiar e fundamental: "Sem fé é impossível agradar a Deus [...]" (Hebreus 11.6). Tiago diz essa verdade de forma clara:

2. Oração e fé (continuação)   31

> Se algum de vocês tem falta de sabedoria, peça-a a Deus, que a todos dá livremente, de boa vontade; e lhe será concedida. Peça-a, porém, com fé, sem duvidar, pois aquele que duvida é semelhante à onda do mar, levada e agitada pelo vento. Não pense tal pessoa que receberá coisa alguma do Senhor (1.5-7).

A dúvida sempre é proibida, pois é uma verdadeira inimiga da fé e impede a oração eficaz. Em 1Timóteo, Paulo nos apresenta uma verdade inestimável relativa às condições da oração eficaz: "Quero, pois, que os homens orem em todo lugar, levantando mãos santas, sem ira e sem discussões" (2.8).

Todo questionamento deve ser vigiado e evitado. Não há lugar para o medo e a incerteza quando o assunto é a verdadeira oração. A fé deve se tornar mais firme e ordenar em oração que esses inimigos se retirem.

Não pode ser atribuída à fé demasiada autoridade, mas a oração é o centro pelo qual a fé sinaliza seu poder. Quanta sabedoria espiritual há no seguinte conselho de um célebre religioso:

> "Você quer ser liberto do cativeiro da corrupção?", pergunta. "Você quer crescer na graça em geral e em particular? Se a resposta é sim, o caminho é simples. Peça a Deus mais fé. Implore-lhe de

manhã, à tarde e à noite, ao caminhar durante o dia, ao sentar, ao deitar-se e levantar-se; implore-lhe para estampar coisas divinas profundamente no seu coração, a fim de que isso dê a você mais e mais substância das coisas esperadas e da evidência das coisas que não se veem".

Nas Sagradas Escrituras encontramos grandes incentivos à oração. Nosso Senhor encerra esse ensinamento sobre oração com a promessa e segurança eterna do céu. A presença de Jesus Cristo no céu, a preparação dos santos que está sendo levada a cabo e a certeza de que ele voltará para recebê-los — como tudo isso coopera para a tarefa penosa de orar, fortalece seus conflitos, adoça sua árdua labuta! Essas coisas são a estrela da esperança à oração, o enxugar de suas lágrimas, a fragrância do céu na amargura de seu clamor. O sentimento de peregrino facilita grandemente a oração. Mas um sentimento terreno, que se satisfaz com as coisas deste mundo, não está habilitado para orar. Em tal coração, a chama do desejo espiritual está apagada ou desfalecendo. As asas de sua fé estão cortadas, os olhos cobertos, a língua muda. Mas aqueles que, em fé inabalável e constante oração, esperam continuamente no Senhor, sim, renovam suas forças; sim, sobem com asas como águias; sim, correm e não se cansam, caminham e não se fadigam.

3. ORAÇÃO E CONFIANÇA

Certa noite deixei meu escritório em Nova York, com um vento terrivelmente frio na minha face. Tinha comigo (achava eu) meu grosso e quente cachecol, mas, quando fui abotoar o casaco contra a tempestade, percebi que ele havia sumido. Virei para trás, olhei ao longo das ruas, busquei no meu escritório, mas foi em vão. Percebi, então, que eu possivelmente o deixara cair e orei a Deus para que o encontrasse; tal era o estado do clima, que seria um grande risco sair sem cachecol. Olhei novamente de cima a baixo nas ruas ao redor, mas sem sucesso. De repente, vi um homem no lado oposto da rua segurando algo nas mãos. Atravessei e perguntei-lhe se aquilo era meu cachecol. Ele me deu e disse: "Foi levado até mim pelo vento". Aquele que anda por sobre a tempestade usou o vento para responder à minha oração.

WILLIAM HORST

A ORAÇÃO NÃO PERMANECE sozinha. Não se trata de uma tarefa isolada e de um princípio independente. Sua vida está associada a outras tarefas cristãs, unida a outros princípios, além de ser parceira de outras graças. Mas a fé está indissoluvelmente unida à oração. A fé dá à oração cor e tom, molda seu caráter e assegura seus resultados.

A confiança é a fé transformada em valor absoluto, ratificada e consumada. Há, quando tudo é dito e feito, certo risco na fé e em sua aplicação. Mas a confiança é uma *crença firme*, é a fé florescida. Confiar é um ato consciente, um fato do qual temos ciência. De acordo com o conceito bíblico, são os olhos e os ouvidos do homem renovado e nascido de novo. É o sentimento da alma, a visão espiritual, o ouvido, o paladar, o sentimento — todos relacionados à confiança. Quão brilhante, distinta, consciente, poderosa e — mais do que tudo — bíblica é essa confiança! Quão diferente é de tantas formas de crença moderna, débil, seca e fria! Essas novas fases da crença não trazem nenhuma consciência de sua presença, nenhuma "inexplicável alegria e glória absoluta" resultante de sua aplicação. São, em sua maioria, aventuras nas incertezas da alma. Não existe confiança garantida e total em nada. Toda transação acontece no universo do Talvez e do Quem Sabe.

A confiança, assim como a vida, é um sentimento, embora muito mais que isso. Uma vida inconsciente é uma contradição; uma confiança não sentida é um termo impróprio, uma desilusão, uma contradição. A confiança é o mais consciente de todos os atributos. É *toda* sentimento e funciona apenas motivada pelo amor. Um amor que não se sente é tão impossível quanto uma confiança inconsciente. A confiança de que estamos falando é uma convicção. Uma convicção inconsciente? Seria um absurdo!

A confiança enxerga Deus fazendo as coisas aqui e agora. E mais: eleva-se a uma sublime eminência e, ao ver o invisível e o eterno, percebe que Deus está em ação e as considera realizadas. A confiança traz a eternidade aos registros e acontecimentos deste tempo, transforma a substância da esperança na realidade da materialização e converte a promessa em algo que se obtém no presente. Sabemos quando confiamos, tanto quanto sabemos quando enxergamos e temos consciência do sentido do toque. A confiança vê, recebe, retém. É sua própria testemunha.

Ainda assim, geralmente a fé é fraca demais para obter o maior bem de Deus de imediato; portanto, deve esperar em amor, força, oração e persistente obediência, até que cresça em força e seja capaz de trazer o eterno às esferas da experiência e do tempo.

Nesse momento, a confiança une todas as forças. Aqui ela permanece. E, em períodos de lutas, a confiança se torna mais poderosa e se apossa de tudo o que Deus tem feito em sua eterna sabedoria e plenitude de graça.

Quanto a esperar em poderosa oração, a fé se eleva a seu nível mais alto e se torna de fato o dom de Deus. Torna-se uma disposição abençoada e a expressão da alma, que está assegurada pela constante interação com Deus e incansável súplica a ele.

Jesus Cristo ensinou claramente que a fé era a condição pela qual a oração era respondida. Quando nosso Senhor amaldiçoou a figueira, os discípulos ficaram muito surpresos de que a árvore tivesse realmente secado, e suas expressões indicaram a incredulidade deles. Foi então que Jesus lhes disse: "Tenham fé em Deus".

> "Eu asseguro que, se alguém disser a este monte: 'Levante-se e atire-se no mar', e não duvidar em seu coração, mas crer que acontecerá o que diz, assim lhe será feito. Portanto, eu digo: 'Tudo o que vocês pedirem em oração, creiam que já o receberam, e assim sucederá'." (Marcos 11.23,24)

A confiança não cresce em nenhum lugar tão pronta e ricamente quanto no lugar secreto da oração. Seu desdobramento e desenvolvimento são rápidos e saudáveis quando se mantêm a regularidade e a boa forma. Quando esses comprometimentos são sinceros, plenos e livres, a confiança floresce em todo o seu esplendor. Os olhos e a presença de Deus dão vigorosa vida à confiança, assim como o Sol faz as flores e os frutos crescerem, bem como dá a todas as coisas alegres e brilhantes a mais plena vida.

"Ter fé em Deus", "Confiar no Senhor", forma o alicerce e o tema central da oração. Essencialmente, não é confiar na Palavra de Deus, mas confiar na pessoa

3. Oração e confiança

de Deus. Pois a confiança na pessoa de Deus deve preceder a confiança em sua Palavra. " '[...] Creiam em Deus; creiam também em mim' " (João 14.1) é a exigência que nosso Senhor faz à confiança pessoal dos discípulos. A pessoa de Jesus Cristo deve ser central na confiança. Jesus procurou estampar essa grande verdade sobre Marta, quando seu irmão morreu em casa em Betânia. Marta afirmou sua crença no fato da ressurreição de seu irmão: "Marta respondeu: 'Eu sei que ele vai ressuscitar na ressurreição, no último dia' " (João 11.24).

Jesus eleva a confiança de Marta do mero fato da ressureição para sua própria Pessoa, ao dizer:

> [...] "Eu sou a ressurreição e a vida. Aquele que crê em mim, ainda que morra, viverá; e quem vive e crê em mim, não morrerá eternamente. Você crê nisso?" Ela lhe respondeu: "Sim, Senhor, eu tenho crido que tu és o Cristo, o Filho de Deus que devia vir ao mundo" (João 11.25-27).

A confiança, do ponto de vista de um fato histórico ou de um mero registro, é algo muito passivo, mas confiar em uma pessoa vitaliza sua qualidade, frutifica-a e torna-a participante em amor. A confiança que se manifesta na oração está centrada em uma Pessoa.

A confiança vai além. A que inspira nossa oração deve não somente confiar na pessoa de Deus e de Cristo, como também na capacidade e vontade destes em conceder o pedido de oração que lhes é feito. Não apenas "Confiem para sempre no Senhor", mas também "pois o Senhor, somente o Senhor, é a Rocha eterna" (Isaías 26.4).

A confiança que o Senhor nos ensinou como condição da oração eficaz não provém da mente, mas, sim, do coração. É a confiança que não "duvida em seu coração". Tal confiança tem a garantia divina de que deverá ser honrada com respostas amplas e satisfatórias. A grande promessa do nosso Senhor traz a fé para o presente e fia-se em uma resposta presente.

Cremos sem duvidar? Quando oramos, cremos que receberemos o que pedimos não apenas no futuro, mas também no presente? Tal é o ensinamento da Escritura inspirada. Ah, como precisamos orar "Senhor, aumente a nossa fé", até que a dúvida se dissipe e a confiança implícita reivindique as bênçãos prometidas a ela.

Essa não é uma condição fácil. É alcançada somente depois de muitos fracassos, orações, esperas e muitas provações de fé. Que nossa fé cresça a ponto de percebermos e recebermos a plenitude que há no Nome que garante a realização de todas as coisas.

Nosso Senhor estabelece a confiança como fundamento da oração. O alicerce da oração é a confiança. Toda concessão do ministério e da obra de Cristo

3. Oração e confiança

dependia da confiança implícita de Jesus no Pai. O centro da confiança é Deus. Montanhas de dificuldades e obstáculos à oração são removidos do caminho pela confiança e por seu fiel escudeiro, a fé.

Quando a confiança é perfeita, sem resquícios de dúvidas, a oração é simplesmente uma mão estendida, pronta para receber. Confiança perfeita, oração perfeita. A confiança olha para o que foi pedido e o recebe. Não é uma crença de que Deus *pode* ou irá abençoar, mas de que ele *abençoa*, aqui e agora. A confiança sempre age no presente. A esperança olha para o futuro. A confiança olha para o presente. A esperança aguarda. A confiança toma posse. Recebe o que a oração conquista. Portanto, o que a oração necessita, em todo momento, é de uma confiança produtiva e permanente.

A lamentável falta de confiança dos discípulos e o resultante fracasso em fazer aquilo para o qual haviam sido enviados podem ser observados na história do filho lunático, trazido pelo pai a 9 dos 12 discípulos enquanto o Mestre estava no monte da Transfiguração. Um garoto, deploravelmente afligido, foi trazido àqueles homens para ser curado de sua doença. Estes haviam sido comissionados a fazer exatamente esse tipo de trabalho. Era parte de sua missão. Tentaram expulsar o demônio do garoto, mas falharam notavelmente. O demônio era muito para eles.

Cobertos de vergonha, foram humilhados em sua falha, enquanto seus inimigos triunfavam. Entre o incidente e a falha, Jesus se aproxima. É informado das circunstâncias e das condições que ali se desdobraram. Aqui temos a consideração de Jesus:

> Respondeu Jesus: "Ó geração incrédula e perversa, até quando estarei com vocês? Até quando terei que suportá-los? Tragam-me o menino". Jesus repreendeu o demônio; este saiu do menino que, daquele momento em diante, ficou curado.
>
> Então os discípulos aproximaram-se de Jesus em particular e perguntaram: "Por que não conseguimos expulsá-lo?"
>
> Ele respondeu: "Porque a fé que vocês têm é pequena. Eu asseguro que, se vocês tiverem fé do tamanho de um grão de mostarda, poderão dizer a este monte: 'Vá daqui para lá', e ele irá. Nada será impossível para vocês. Mas esta espécie só sai pela oração e pelo jejum" (Mateus 17.17-21).

Onde estava a dificuldade daqueles homens? Eles haviam sido relapsos em cultivar a fé pela oração e, por consequência, a confiança deles falhou completamente. Não confiaram em Deus, nem em Cristo, nem na autenticidade da missão de Cristo, nem mesmo na deles. Assim tem sido muitas vezes na

3. Oração e confiança

vida de muitos, uma crise na igreja de Deus. A falha provém da falta de confiança, ou da fraqueza da fé, e esta, por sua vez, da falta de oração. Para muitos, o fracasso nos esforços de avivamento são oriundos da mesma causa. A fé não foi nutrida e fortalecida pela oração. A negligência do tempo investido a sós em oração é a razão da maior parte dos fracassos espirituais. E isso é verdadeiro tanto com nossas batalhas pessoais com o Diabo quanto nas ocasiões em que nos aventuramos a expulsar demônios. Estar com os joelhos em comunhão particular com Deus é a única garantia que temos de que teremos o Senhor conosco tanto nas nossas lutas pessoais quanto nos nossos esforços para converter pecadores.

Em todo lugar, ao ser abordado pelas pessoas, nosso Senhor depositou sua confiança em Deus, na divindade de sua missão em primeiro lugar. Não deu nenhuma definição de confiança, não produziu nenhuma discussão teológica ou análise em torno disso. Ele sabia que os homens veriam o que era fé pelo que a fé *fazia*; e por meio desse exercício aberto a confiança cresceu espontaneamente em sua presença. Foi o produto de seu trabalho, poder e pessoa. Tudo isso produziu e criou uma atmosfera favorável para o exercício e desenvolvimento da fé. A confiança é esplendidamente simples para ser definida verbalmente; generosa e espontânea em demasiado para ser reduzida a uma terminologia teológica. A grande simplicidade da confiança é o que confunde muitos. Muitas pessoas esperam que aconteça algo grande, ao passo que durante todo o tempo "[...] 'A palavra está perto de você; está em sua boca e em seu coração' [...]" (Romanos 10.8).

Quando a triste notícia da morte de sua filha foi trazida a Jairo, nosso Senhor interveio: "[...] 'Não tenha medo' ", disse serenamente, " 'tão somente creia' " (Marcos 5.36). Para a mulher com fluxo de sangue, que permaneceu em tremor diante dele, disse: "[...] 'Filha, a sua fé a curou! Vá em paz e fique livre do seu sofrimento' " (Marcos 5.34).

Aos dois homens cegos que o acompanhavam, forçando o caminho para dentro da casa, disse: "[...] 'Que lhes seja feito segundo a fé que vocês têm!'. E a visão deles foi restaurada [...]" (Mateus 9.29,30).

Quando o paralítico entrou pelo telhado da casa onde Jesus estava ensinando, e foi colocado diante dele por seus quatro amigos, lemos o seguinte registro: "[...] Vendo a fé que eles tinham, Jesus disse ao paralítico: 'Tenha bom ânimo, filho; os seus pecados estão perdoados' " (Mateus 9.2).

Quando Jesus despediu o centurião, cujo servo estava gravemente enfermo e que veio a Jesus para que pronunciasse a palavra de cura, sem ao menos ir à sua casa, o fez da seguinte forma: "Então Jesus disse ao centurião: 'Vá! Como você creu, assim acontecerá!'. Na mesma hora o seu servo foi curado" (Mateus 8.13).

Quando o pobre leproso caiu aos pés de Jesus e clamou por alívio: "[...] 'Senhor, se quiseres, podes purificar-me!' " (Mateus 8.2), Jesus imediatamente atendeu a seu pedido, e o homem o exaltou em alta voz.

A mulher cananeia veio a Jesus com o caso de sua filha endemoninhada, trazendo o caso para si, com oração: "Senhor, ajuda-me!", fazendo um esforço temeroso e heroico. Jesus honrou sua fé e oração, dizendo: "[...] 'Mulher, grande é a sua fé! Seja conforme você deseja'. E, naquele mesmo instante, a sua filha foi curada" (Mateus 15.28).

Depois que os discípulos foram incapazes de expulsar o demônio do menino epilético, o pai do pobre garoto veio a Jesus com um lamentoso e desesperado clamor: " '[...] Mas, se podes fazer alguma coisa, tem compaixão de nós e ajuda-nos'. 'Se podes?', disse Jesus. 'Tudo é possível àquele que crê' " (Marcos 9.22,23).

O cego Bartimeu, sentado à beira da estrada, ouve o Senhor ao passar e clama em lamento e desespero: "[...] 'Jesus, filho de Davi, tenha misericórdia de mim!' " (Lucas 18.38). Os ouvidos aguçados do nosso Senhor imediatamente reconheceram o som da oração, e disse ao pedinte: "[...] 'Recupere a visão! A sua fé o curou' " (v. 42). Imediatamente recuperou a visão e seguia a Jesus pelo caminho.

À mulher penitente e em choro, que lavava os pés de Jesus com suas lágrimas e os enxugava com os cabelos, Jesus transmite palavras de alegria e conforto para a alma: "[...] 'Filha, a sua fé a curou! Vá em paz e fique livre do seu sofrimento' " (Marcos 5.34).

Certa vez, Jesus curou dez leprosos ao mesmo tempo, em resposta à oração conjunta: " 'Jesus, Mestre, tem piedade de nós!' ", e disse-lhes que fossem e se apresentassem ao sumo sacerdote. "[...] Enquanto eles iam, foram purificados" (Lucas 17.13,14).

4. ORAÇÃO E DESEJO

Há aqueles que zombarão de mim e me dirão para
focar no meu trabalho de sapateiro e não perturbar
minha mente com filosofia e teologia. Mas a verdade
de Deus ardeu de tal forma nos meus ossos que eu
peguei minha caneta e registrei o que vi.

JACOB BEHMEN

O DESEJO NÃO É um mero anseio; é uma ânsia mais
profunda; um intenso anelo pela realização. Na esfera das questões espirituais, trata-se de um importante complemento da oração. Tão importante que,
pode se dizer, é absolutamente essencial à oração.
O desejo precede a oração, acompanha-a e continua
depois dela. O desejo vem antes da oração e é por ela
criado e intensificado. A oração é a expressão oral do
desejo. Se orar é pedir algo a Deus, então a oração
deve ser expressa. A oração vem à tona. O desejo é
silencioso. A oração é ouvida; o desejo, é imperceptível. Quanto mais profundo é o desejo, mais forte é a
oração. Sem desejo, a oração é um inútil balbuciar de
palavras. A oração superficial, formal, sem coração,
sem sentimento, sem desejo real que a acompanhe
deve ser evitada como uma doença contagiosa. Em
praticá-la se perde um tempo precioso e, por meio
dela, nenhuma bênção é gerada.

46 A NECESSIDADE DA ORAÇÃO

Contudo, mesmo que se detecte que o *desejo* está ausente por motivos honestos, devemos orar da mesma maneira. *Temos* de orar. O "dever" entra para que o desejo e a expressão sejam cultivados. A Palavra de Deus ordena isso. Nosso discernimento nos diz que devemos orar — queiramos ou não — e não permitir que nossos sentimentos determinem nossos hábitos de oração. Em tal circunstância, devemos orar pelo *desejo* de orar, pois tal desejo é dado por Deus e nasce no céu. Devemos orar por desejo; então, quando o desejo vier, devemos orar conforme ele se manifesta. A falta de desejo espiritual deveria nos afligir e nos conduzir a lamentar sua ausência, para buscar sinceramente sua doação, a fim de que a oração, desse momento em diante, seja uma expressão do "sincero desejo da alma".

Um senso de necessidade cria, ou deveria criar, um desejo sincero. Quanto mais forte o senso de necessidade diante de Deus, maior deve ser o desejo e mais sincera a oração. Os "pobres de espírito" são notavelmente qualificados para orar.

A fome é um sentido ativo de necessidade física. Impele a demanda por pão. Da mesma forma, a consciência interna da necessidade espiritual cria o desejo, e o desejo irrompe em oração. O desejo é um anseio interno por algo que não possuímos, do qual permanecemos em necessidade — algo que Deus prometeu e que será assegurado por uma sincera súplica ao trono da graça.

O desejo espiritual, elevado a outro nível, é a evidência do novo nascimento. Nasce de uma alma renovada: "Como crianças recém-nascidas, desejem de coração o leite espiritual puro, para que por meio dele cresçam para a salvação" (1Pedro 2.2).

A ausência desse desejo santo no coração é a evidência indicativa ou de um declínio de enlevo espiritual ou de que o novo nascimento nunca aconteceu. " 'Bem-aventurados os que têm fome e sede de justiça, porque serão satisfeitos' " (Mateus 5.6).

Tal apetite proveniente do céu é a prova de um coração renovado, a evidência de uma vida espiritual ativa. O apetite físico é atributo de um corpo vivo, não de um cadáver; da mesma forma, o desejo espiritual pertence à alma avivada por Deus. Assim como a alma renovada tem fome e sede de justiça, os desejos santos e internos irrompem em sincera oração.

Na oração, estamos restritos ao nome, ao mérito e à virtude intercessora de Jesus Cristo, nosso Sumo Sacerdote. Explorando mais profundamente, por baixo das condições anexas e forças da oração, chegamos à base vital, a qual está estabelecida no coração humano. Não se trata simplesmente da nossa necessidade; é o coração que anseia pelo que precisamos e pelo que somos impelidos a orar. O desejo é a vontade em ação; um anseio forte e consciente, agitado pela natureza interna por um bem maior. O anseio exalta o objeto de desejo e fixa a mente nele. Tem escolha, constância e fervor; portanto, a oração, baseada no desejo, é explícita e específica. Conhece a necessidade, sente e vê as coisas que queremos e apressa-se a obtê-las.

A contemplação piedosa é de grande ajuda ao desejo santo. A meditação na nossa necessidade espiritual, bem como na prontidão e capacidade de Deus em atender a ela, faz o desejo crescer. O pensamento focado antes de orar faz o desejo crescer, torna-o mais insistente e tende a nos poupar da ameaça da distração no momento de orar. Falhamos muito mais no desejo que na expressão exterior. Retemos o aspecto exterior, ao passo que a vida interior desvanece e quase se extingue.

Alguém pode perguntar: não seria a debilidade dos nossos desejos por Deus, pelo Espírito Santo e pela plenitude de Cristo a causa da nossa pouca oração e do nosso enfraquecimento na prática da oração? Sentimos realmente esse anelo interior de desejo pelos tesouros celestiais? Será que os gemidos implícitos do desejo agitam nossa alma para as lutas de força? Pobres de nós. O fogo arde muito pouco. O calor flamejante da alma tem sido rebaixado a um estado morno. Devemos lembrar que essa era a causa central da

4. Oração e desejo

condição triste e desesperadora dos cristãos de Laodiceia, cuja terrível condenação, conforme dizem as Escrituras, não deixa dúvidas: diziam ser ricos, cheios de riqueza e que *de nada tinham falta*, e mal sabiam que eram miseráveis, dignos de compaixão, pobres, cegos e nus (cf. Apocalipse 3.17).

Novamente, podemos perguntar: temos nós o desejo que nos leva a uma comunhão íntima com Deus, a qual é preenchida com labaredas inefáveis, e que nos mantém pela agonia de uma intensa e avivada súplica? Nosso coração precisa ser profundamente trabalhado, não apenas para tirar o mal que aí se esconde, mas para preenchê-lo com o bem. O fundamento e a inspiração para o preenchimento do bem tem origem em um desejo forte e impulsionador. Essa chama santa e fervente na alma desperta o interesse pelo céu, atrai a atenção de Deus e põe à disposição daqueles que a exercitam as riquezas inesgotáveis da graça divina.

A diminuição da chama do desejo santo destrói as forças vitais e ativas da vida da igreja. Deus exige ser representado por uma Igreja fervorosa; caso contrário, não está sendo representado de nenhuma forma. O próprio Deus é fogo em sua totalidade, e sua Igreja, se quer ser como ele, deve também estar em brasa. Apenas o interesse pelas coisas eternas e a religião dada por Deus é que devem ser o alvo da chama da Igreja. Contudo, o zelo santo não precisa ser espalhafatoso a ponto de autoconsumir. Nosso Senhor foi o antídoto encarnado da agitação inquieta, o oposto absoluto da intolerância ou da elocução barulhenta; contudo, o zelo pela casa de Deus o consumia; e o mundo ainda sente o brilho de sua chama ardente e consumidora e tem respondido a ela com prontidão de forma cada vez mais ampla.

A falta de ardor na oração é o sinal claro de falta de intensidade e profundidade de desejo; e a ausência de desejo intenso é o sinal claro da ausência de Deus no coração. Diminuir o fervor é afastar-se de Deus. Ele pode e tolera muitas coisas relacionadas à fraqueza e falta de seus filhos. Pode e perdoa o pecado quando o penitente ora, mas duas coisas são intoleráveis: a falsidade e a mornidão. A falta de amor e a falta de ardor são duas coisas que Deus detesta, e aos de Laodiceia disse, com nítida gravidade e condenação: "[...] Melhor seria que você fosse frio ou quente! Assim, porque você é morno, não é frio nem quente, estou a ponto de vomitá-lo da minha boca" (Apocalipse 3.15,16).

Este foi o julgamento expresso de Deus sobre a falta de fervor em uma das sete igrejas, e é sua acusação contra a escassez de zelo sagrado em cada cristão. O fogo é a força motriz da oração. Os princípios religiosos que não emergem em chamas não têm força nem efeito. A chama é a asa pela qual a fé ascende; o fervor é a alma da oração. A fervente e eficaz oração é que é de muito proveito. O amor é aceso em uma chama, e o fervor é sua vida. A chama é o ar pelo qual a verdadeira experiência cristã respira. Alimenta-se do fogo, por isso pode resistir a tudo, diferente de uma chama insignificante; no entanto, morre fria e faminta a seus sinais vitais quando a atmosfera do ambiente é glacial ou morna.

A verdadeira oração *deve* ser chamejante. A vida e o caráter cristão devem estar em chamas. A falta de calor espiritual cria mais infidelidade do que a falta de fé. Não se interessar de forma consumidora pelas coisas celestiais é não se interessar por completo. As almas fervorosas são as que conquistam no dia da batalha, pelas quais o reino do céu sofre coação, e que o tomam pela força. A fortaleza de Deus é tomada apenas por estes, que a tomam em espantosa seriedade, que a sitiam com zelo fervoroso e crescente.

Nada que não seja o calor intenso em relação a Deus pode manter o brilho do céu no nosso coração nestes dias frios. Os primeiros metodistas não tinham nenhum aquecedor em suas igrejas. Afirmavam que a chama no banco e o fogo no púlpito bastavam para mantê-los aquecidos. E nós, deste tempo, necessitamos da brasa viva do altar de Deus e da chama consumidora do céu brilhando no nosso coração. Essa chama não é um ardor mental ou uma energia carnal.

É o fogo divino na alma, intenso, que consome as impurezas — a real essência do Espírito de Deus.

Nenhuma erudição, nenhuma dicção perfeita, nenhuma amplitude de perspectiva mental, nenhum ornamento de eloquência e nenhuma graça individual pode compensar a falta de fogo. A oração é acesa pelo fogo. A chama dá acesso à oração, bem como asas, aprovação e energia. Não há incenso sem fogo, nem oração sem brasa.

O desejo fervoroso é a base da oração incessante. Não se trata de uma inclinação superficial e inconstante, mas de um forte anseio, um ardor inextinguível que impregna, brilha, arde e firma o coração. É a chama de um princípio ativo e presente que se eleva a Deus. É o ardor impulsionado pelo desejo, que incendeia seu caminho ao Trono da misericórdia e ganha a causa. É a persistência do desejo que dá triunfo ao conflito, em uma grande batalha de oração. É o fardo de um pesado desejo que desperta, torna incansável e reduz à serenidade a alma que emerge de grandes lutas. É o caráter abrangente do desejo que arma a oração com milhares de apelos, revestindo-a de coragem invencível e de um poder vitorioso.

O relato da mulher cananeia é uma lição de desejo, em sua consistência, mas invulnerável em sua intensidade e ousadia pertinaz. A viúva persistente

4. Oração e desejo

representa o desejo que obtém seu fim, por meio de obstáculos intransponíveis aos impulsos mais fracos.

A oração não é o mero ensaio de uma apresentação, nem um clamor indefinido e generalizado. O desejo, à medida que inflama a alma, se agarra ao que é desejado. A oração é uma fase indispensável do hábito espiritual, mas deixa de ser oração quando praticada apenas como hábito. É a profundidade e intensidade do desejo espiritual que proporciona profundidade e intensidade à oração. A alma não pode agir com indiferença quando um grande desejo a acomete e estimula. A urgência do nosso desejo nos retém ao que se deseja com uma tenacidade que se nega a ser diminuída ou afrouxada. Permanece, pleiteia, persiste e se nega a desistir até que a bênção seja concedida. "Senhor, não posso deixar-te ir, até que a bênção seja outorgada; não afaste tua face; meu caso é urgente."

A razão do coração desfalecido, da falta de oportunidade, da escassez de coragem e de força na oração repousa na fraqueza do desejo espiritual, ao passo que a não observância da oração é o sinal fatídico de que esse desejo já não existe. Tal alma se desviou de Deus cujo desejo por ele não mais a conduz ao aposento da oração. Não pode haver oração eficaz se não há um desejo consumidor. Certamente pode haver muita oração aparente, sem nenhum desejo de qualquer natureza.

Muitas coisas podem ser catalogadas e muitos terrenos cobertos. Seria o desejo o elemento capaz de compilar o catálogo? Seria o desejo capaz de mapear a região a ser coberta? Para essa resposta, deve-se considerar o dilema de se nossa petição é mero balbucio ou oração. O desejo, apesar de ser intenso, é estreito; não pode se espalhar por uma área vasta. Quer apenas algumas coisas, e as quer muito, tanto que nada além da vontade de Deus em responder trará algum alívio ou contentamento.

O desejo mira apenas seu objetivo. Pode haver muitas coisas desejáveis, mas são especificamente e individualmente sentidas e expressas. Davi não ansiava por tudo, nem permitiu que seus desejos se espalhassem para todas as partes e acabassem sem obter êxito algum. Eis como seus desejos foram tratados e expressos:

> Uma coisa pedi ao Senhor, e a procuro: que eu possa viver na casa do Senhor todos os dias da minha vida, para contemplar a bondade do Senhor e buscar sua orientação no seu templo (Salmos 27.4).

Nessa singularidade de desejo, essa é a definição de anseio que conta na oração e que a direciona ao centro e âmago da demanda.

4. Oração e desejo

Nas Bem-aventuranças, Jesus proclamou as palavras que repousam diretamente sobre o desejo inato da alma renovada e a promessa de que será agraciada: " 'Bem-aventurados os que têm fome e sede de justiça, pois serão satisfeitos' " (Mateus 5.6).

Esta, portanto, é a base da oração que compele a uma resposta: que o forte desejo interno estimula o apetite espiritual e clama para ser satisfeito. Infelizmente para nós, é completamente verdadeiro e frequente que nossas orações operam na região árida de um mero desejo ou na área desfolhada de uma oração memorizada. Geralmente, nossas orações são meras expressões estereotipadas de frases feitas e de proporções convencionais, cujo frescor e vida se foram há anos.

Sem desejo, não há fardo da alma, nem sentido de necessidade, nem fervor, nem visão, nem força ou brilho da fé. Não há força poderosa ou persistência em Deus, com um aperto imortal e desesperado: "Não te deixarei ir, a não ser que me abençoes". Não há completa abnegação como havia com Moisés quando, perdido nos espasmos de um apelo desesperado, perseverante e consumidor, clamou: " 'Mas agora, eu te rogo, perdoa-lhes o pecado; se não, risca-me do teu livro que escreveste' " (Êxodo 32.32). Ou, como houve com John Knox, quando pleiteou: "Dá-me a Escócia, ou eu morro".

Deus se achega à alma que ora. Para ver, conhecer e viver por Deus — estes são os objetivos de toda verdadeira oração. Assim, a oração é, acima de tudo, inspirada para buscar a Deus. A oração-desejo é inflamada para ver Deus, para ter uma revelação mais clara, plena, doce e rica de Deus. Portanto, aos que assim oram, a Bíblia se torna uma *nova* Bíblia, e Cristo um novo Salvador, pela luz e revelação do lugar secreto da oração.

Repetimos e reiteramos que esse desejo fervoroso — dilatado e que nunca deixa de crescer — pelos melhores e mais poderosos dons e graças do Espírito de Deus é a legítima herança da oração verdadeira e eficaz. O caráter e o serviço não podem estar divorciados — não podem, de nenhuma forma, estar separados. Mais que isso: o desejo deve ser feito intensivamente pessoal e deve estar centrado em Deus com uma fome e sede insaciável por ele e sua justiça. "A minha alma tem sede de Deus, do Deus vivo [...]" (Salmos 42.2). O requisito indispensável de toda verdadeira oração é o mais profundo desejo que busca a Deus e se mantém insatisfeito até que os dons mais seletos na concessão do céu sejam rica e abundantemente garantidos.

5. ORAÇÃO E FERVOR

> Teresa de Ávila levantou-se de seu leito de morte para completar seu trabalho. Inspecionou, com toda vivacidade e amor, a casa inteira para a qual havia sido levada para morrer. Viu que tudo estava em seu devido lugar, e em ordem, após o que ela cuidou dos ofícios divinos do dia. Em seguida, voltou a seu leito, chamou suas filhas em torno de dela... e, com a mais penitente das orações de Davi nos lábios, Teresa de Jesus se foi para encontrar-se com o Noivo.
>
> ALEXANDER WHYTE

ORAÇÃO SEM FERVOR NÃO dá apoio a nada, pois não haverá nada que deva ser apoiado. Apresenta-se com mãos vazias. Mãos estas que são indiferentes, vazias, que nunca aprenderam a lição de se agarrar à cruz.

Oração sem fervor carece de afeição; é algo vazio, um vaso impróprio. O coração, a alma e a vida devem encontrar lugar na verdadeira oração. O céu deve ser feito para sentir a força do clamor a Deus.

Paulo foi um notável exemplo de homem que tinha um espírito fervente de oração. Suas petições eram avassaladoras, centradas imutavelmente no que desejava e no Deus que era capaz de realizá-lo.

A oração deve ser ardorosa. É a oração entusiasta que é eficaz e proveitosa. A frieza de espírito inibe a oração, a qual não sobrevive em um ambiente glacial. O frio congela a petição e seca as fontes de súplica. A oração precisa de fogo para funcionar. O calor da alma cria a atmosfera favorável para a oração, pois é favorável ao fervor. Pela chama, a oração sobe aos céus. Contudo, o fogo não é rebuliço, exaltação nem barulho. Calor é intensidade — algo que brilha e queima. No céu não há espaço para o gelo.

Deus quer servos calorosos. O Espírito Santo vem em nós *como um fogo* para habitar em nós; devemos ser batizados com o Espírito e com fogo. O fervor é o calor da alma. Um temperamento apático é detestável para essa experiência vital. Se nossa religião não nos incendeia, é porque temos o coração congelado. Deus habita numa chama; o Espírito Santo desce em fogo. Ser absorvido pela vontade de Deus e ser grandemente sincero sobre fazer sua vontade, a ponto de todo o nosso ser queimar, são as condições qualificadoras de um homem que se engaja na oração eficaz.

Nosso Senhor nos adverte contra a oração débil. Devemos orar sempre, segundo ele, e nunca desanimar (v. Lucas 18). Isso significa que devemos possuir fervor suficiente para nos levar a longos e rigorosos períodos de oração e súplica. O fogo faz alguém ficar alerta e vigilante, e o faz ser mais que vencedor. A atmosfera ao nosso redor é pesadamente carregada com forças que impedem orações fracas e

5. Oração e fervor

pífias de prosseguirem. É preciso calor, fervor e fogo meteórico para subir até os céus, onde Deus habita com seus santos em luz.

Muitas das personagens bíblicas foram exemplos notáveis de espírito fervoroso ao buscar a Deus. O salmista declara com profunda sinceridade: "A minha alma consome-se de perene desejo das tuas ordenanças" (Salmos 119.20).

Que profundo desejo do coração vemos aqui! Que sincero anelo da alma pela Palavra do Deus Vivo! E maior fervor é expresso pelo salmista em outro texto:

Como a corça anseia por
águas correntes,
a minha alma anseia por ti,
ó Deus.
A minha alma tem sede
de Deus, do Deus vivo.
Quando poderei entrar para apresentar-me a Deus?
(Salmos 42.1,2)

Esta é a palavra de um homem que viveu em estado de graça, a qual fora forjada de modo profundo e sobrenatural em sua alma.

O fervor diante de Deus conta na hora da oração e encontra uma célere e rica recompensa em suas mãos. O salmista nos dá esta declaração do que

Deus fez pelo rei, quando voltou seu coração ao Senhor: "Tu lhe concedeste o desejo do seu coração e não lhe rejeitaste o pedido dos seus lábios" (Salmos 21.2). Em outra oportunidade, expressa-se diretamente a Deus ao apresentar seu pedido: "Senhor, diante de ti estão todos os meus anseios; o meu suspiro não te é oculto" (Salmos 38.9).

Que reflexão jovial! Nossos suspiros interiores, nossos desejos secretos, os anseios do nosso coração não estão ocultos aos olhos de Deus, com quem devemos tratar em oração.

O incentivo para o fervor de espírito diante de Deus é precisamente o mesmo para a oração contínua e sincera. Embora o fervor não seja oração, ainda assim tem origem em uma alma sincera e preciosa aos olhos de Deus. O fervor da oração antecede o que Deus fará em resposta à petição. Deus compromete-se a atender aos desejos do nosso coração em proporção ao fervor espiritual que demonstramos quando buscamos sua face em oração.

O fervor tem seu centro no coração, não no cérebro, nem nas faculdades intelectuais da mente. Portanto, não se trata de uma expressão do intelecto. O fervor de espírito transcende a fantasia poética ou o imaginário sentimental. É mais do que mera preferência, o contraste entre gostar e não gostar. O fervor é a pulsação e o gesto da natureza emocional.

Não temos poder para criar o espírito fervoroso por mera vontade, mas podemos orar a Deus para implantá--lo. Portanto, é nosso dever nutri-lo e cuidar dele, guardá-lo da extinção, prevenir sua diminuição ou declínio. O processo da salvação individual não se dá somente por meio da oração, pela expressão dos nossos desejos a Deus, mas também pela conquista de um espírito ardoroso e pela busca de seu cultivo por todos os meios apropriados. Nunca é impróprio orar a Deus para criar e manter vivo em nós um espírito de oração entusiasta.

O fervor tem a ver com Deus, assim como a oração. O desejo sempre tem um objetivo. Se desejamos, desejamos algo. O nível de fervor pelo qual moldamos nossos desejos espirituais sempre servirá para determinar a sinceridade da nossa oração. Nessa relação, Adoniram Judson diz:

> Um espírito que luta contra as agruras de um desejo muito intenso pertence à oração. O fervor suficientemente forte para afastar o sono, que se dedica ao espírito e o inflama, que se afasta de todas as amarras terrenas, tudo isso pertence à oração de batalha e vitória. O Espírito, o poder, o ar e o alimento da oração habitam tal espírito.

A oração deve ser revestida de fervor, força e poder. É a força que, centrada em Deus, determina a concessão dele para o bem terrenal. Homens fervorosos no espírito tendem a alcançar justiça, verdade, graça e os demais sublimes e poderosos favores que adornam o caráter de um autêntico e inquestionável filho de Deus.

Certa vez, Deus declarou, pela boca de um corajoso profeta, a um rei que antes fora verdadeiro para com Deus, mas, por ter conseguido sucesso e prosperidade, acabou por perder a fé: " 'Pois os olhos do Senhor estão atentos sobre toda a terra para fortalecer aqueles que lhe dedicam totalmente o coração. Nisso você cometeu uma loucura. De agora em diante terá que enfrentar guerras' " (2Crônicas 16.9).

Deus ouviu a oração de Asa em sua juventude, mas o desastre e as dificuldades bateram em sua porta depois que ele desistiu de uma vida de oração e fé simples.

Em Romanos 15.30, temos a palavra "luta" no pedido que Paulo fez pela união em oração.

Em Colossenses 4.12, temos a mesma palavra, mas traduzida diferente: "[...] Ele [Epafras] está sempre batalhando por vocês em oração [...]". Paulo deu uma incumbência aos romanos: "que se unam a mim em minha luta, orando a Deus em meu favor", ou seja, ajudá-lo em sua batalha de oração. A palavra significa entrar em uma competição, lutar contra adversários. Significa, além disso, comprometer-se com fervente zelo a se esforçar para conseguir.

5. Oração e fervor   63

Esses registros do exercício e da recompensa da fé nos permitem ver que, em quase todas as instâncias, a fé foi misturada com a confiança, não sendo exagero afirmar que a primeira foi engolida pela segunda. É difícil distinguir adequadamente as atividades específicas dessas duas qualidades, fé e confiança. Mas há um ponto sem nenhuma dúvida, em que a fé é aliviada de seu fardo, por assim dizer, no qual a confiança aproxima-se e diz: "Você fez a sua parte; o resto é comigo".

No incidente da figueira infrutífera, nosso Senhor transfere o maravilhoso poder da fé a seus discípulos. À exclamação " 'Como a figueira secou depressa!' ", disse:

> [...] "Eu asseguro que, se vocês tiverem fé e não duvidarem, poderão fazer não somente o que foi feito à figueira, mas também dizer a este monte: 'Levante-se e atire-se no mar', e assim será feito. E tudo o que pedirem em oração, se crerem, vocês receberão" (Mateus 21.21,22).

Quando o cristão alcança uma fé de magnificente proporção como esta, então caminha em direção ao ambiente da confiança implícita. Permanece sem tremor no ápice de seu alcance espiritual. Obteve a pedra máxima da verdadeira fé, que é a inabalável, inalterável e inalienável confiança no poder do Deus Vivo.

6. ORAÇÃO E PERSISTÊNCIA

Falamos sobre orar sem cessar com grande facilidade! Contudo, somos inclinados a desistir, se nossa oração permanecer sem resposta por uma semana ou um mês. Presumimos que por um golpe de seu braço ou ação de sua vontade, Deus nos dará o que pedirmos. Parece que nunca nos ocorre que ele é o mestre da natureza, bem como da graça, e que, algumas vezes, escolhe um caminho e, por vezes, outro para fazer sua obra. Leva anos, às vezes, para se responder a uma oração, e, quando é respondida, olhamos para trás e percebemos a resposta. Mas Deus sabia todo o tempo, e é seu desejo que oremos, e oremos, e continuemos orando, e então percebemos que de fato e verdadeiramente devemos orar sem cessar.

Anon

Nosso Senhor Jesus declarou que devemos orar sempre e nunca desanimar (cf. Lucas 18.1), e a parábola na qual pronunciou essas palavras foi ensinada com a intenção de salvar o homem do desânimo e fraqueza na oração. Nosso Senhor procurava ensinar a se precaver contra a frouxidão e que a persistência deve ser fomentada e encorajada. Não pode haver duas opiniões sobre a importância da prática dessa indispensável qualidade na oração.

A oração persistente é um movimento poderoso da alma rumo a Deus. Trata-se de uma agitação das mais profundas forças da alma para com o trono da graça celestial. É a habilidade de persistir, prosseguir e esperar. O desejo constante, a paciência sem descanso e a força da compreensão estão todas embutidas nisso. Não se trata de um incidente ou apresentação, mas da paixão da alma. Não é um desejo meio necessário, mas uma necessidade completa.

A qualidade de batalhar na oração persistente não se origina da veemência física ou da força humana. Não se trata de um simples impulso de energia, nem mera sinceridade da alma; consiste em uma força forjada por dentro, uma faculdade implantada e surgida pelo Espírito Santo. Na prática, é a intercessão do Espírito de Deus em nós; além disso, é a "eficaz e fervente oração, que muito pode". A essência da urgência que apressa nossa oração no propiciatório é o Espírito Divino, que informa a cada elemento do nosso ser, com a energia de seu próprio esforço, até que o fogo caia e a bênção desça. Essa luta em oração pode não ser violenta nem veemente, mas silenciosa, tenaz e urgente. Pode até mesmo ser silenciosa, quando não há saídas visíveis a sua força poderosa.

Nada distingue o filho de Deus de forma tão clara e incisiva quanto a oração. É a marca e o teste de ser do cristão. Os cristãos são de oração; os mundanos não. Os cristãos clamam a Deus; os mundanos o ignoram e não clamam por seu nome. Mas mesmo o cristão tem a necessidade de cultivar a oração contínua. A oração deve ser habitual, mas muito mais que um mero hábito. Trata-se de um dever, mas um dever que se eleva muito acima, e vai além das implicações comuns do termo. É a expressão de uma relação com Deus, um anseio por comunhão divina. É o fluxo para fora e para cima da vida interna rumo à fonte original. É uma certeza da paternidade da alma, uma reivindicação de filiação que liga o homem ao Eterno.

A oração tem tudo a ver com moldar a alma à imagem de Deus e tem a ver com o aumento e expansão da medida da graça divina. Tem a ver com trazer a alma à completa comunhão com Deus. Tem a ver com enriquecer, ampliar e amadurecer a experiência da alma com Deus. O homem que não ora não pode ser chamado cristão. Sob nenhum pretexto pode reivindicar algum direito a esse cognome, nem mesmo a seu significado implícito. Se não ora, é, pura e simplesmente, um pecador, pois a oração é a única maneira pela qual a alma do homem pode entrar em associação e comunhão com a Fonte de todo espírito e força cristãos. Consequentemente, se não ora, não é a habitação da fé.

Entretanto, neste estudo, voltamos nosso pensamento a uma fase da oração — a da persistência; a persistência dos nossos desejos para com Deus com insistência e perseverança; a oração com a tenacidade e tensão que não relaxa nem cessa até que seu apelo seja ouvido e sua causa ganha.

Aquele que tem uma clara visão de Deus e conceitos bíblicos do caráter divino; que aprecia seu privilégio de se aproximar de Deus; que entende sua necessidade intrínseca de tudo o que Deus tem para ele, esse homem será solícito, franco e insistente. Nas Sagradas Escrituras, o dever da oração, por si só, é defendido em termos somente um pouco mais fortes do que aqueles em que a necessidade de sua insistência é estabelecida. A oração que influencia Deus é aquela que provém do derramamento fervoroso e eficaz do justo. Ou seja, é a oração flamejante, sem fraqueza nem oscilação, sem luz transitória, mas brilhante, com uma incandescência vigorosa e permanente.

As repetidas intercessões de Abraão pela salvação de Sodoma e Gomorra apresentam um exemplo da necessidade e do benefício que resultam da oração persistente. Jacó, lutando por toda uma noite com o anjo, nos dá uma ênfase significativa ao poder da persistência obstinada na oração e mostra como, em questões espirituais, a insistência tem sucesso, tão eficazmente como quanto em questões relacionadas a tempo e sentido.

Como observamos em outro texto, Moisés orou quarenta dias e quarenta noites, buscando desviar a ira de Deus contra Israel, e seu exemplo e sucesso são estímulos à fé dos dias atuais nas horas difíceis. Elias repetiu e insistiu em sua oração sete vezes antes que a nuvem aparecesse no horizonte, anunciando o sucesso de sua oração e da vitória de sua fé. Em certa ocasião, Daniel, embora fraco e debilitado, insistiu em sua causa por três semanas, antes que a bênção chegasse.

Por muitas noites durante sua vida terrena, o Senhor passou em oração. No Getsêmani, apresentou a mesma petição três vezes, em crescente, urgente — ainda que submissa — persistência, que envolveu cada elemento de sua alma, e que se expressou por lágrimas e suor de sangue. As crises de sua vida foram marcadas distintivamente e todas as suas vitórias obtidas em tempos de oração persistente. E o servo não é maior que seu Senhor.

A parábola da viúva persistente é um clássico da oração insistente. Devemos relembrá-la neste ponto do estudo:

> Então Jesus contou aos seus discípulos uma parábola, para mostrar-lhes que eles deviam orar sempre e nunca desanimar. Ele disse: "Em certa cidade havia um juiz que não temia a Deus nem se importava com os homens. E havia naquela cidade uma viúva que se dirigia continuamente a ele, suplicando-lhe: 'Faze-me justiça contra o meu adversário'. Por algum tempo ele se recusou. Mas finalmente disse a si mesmo: 'Embora eu não tema a

Deus e nem me importe com os homens, esta viúva está me aborrecendo; vou fazer-lhe justiça para que ela não venha mais me importunar' ". E o Senhor continuou: "Ouçam o que diz o juiz injusto. Acaso Deus não fará justiça aos seus escolhidos, que clamam a ele dia e noite? Continuará fazendo-os esperar? Eu digo a vocês: Ele lhes fará justiça e depressa. Contudo, quando o Filho do homem vier, encontrará fé na terra?" (Lucas 18.1-8).

Essa parábola enfatiza a verdade central da oração insistente. A viúva insistiu em sua causa até que o juiz injusto a concedeu. Se essa parábola não ensina a necessidade da persistência, não tem finalidade nem ensino algum. Se tirarmos esse tema da parábola, não resta nada digno de ser registrado. Além de qualquer sofisma, Cristo teve a intenção de usar a parábola como evidência da necessidade que existe da oração persistente.

Temos o mesmo ensinamento no caso com a mulher cananeia, que veio a Jesus em favor de sua filha. Aqui, a persistência é demonstrada, não como forte impertinência, mas com a persuasiva roupagem da humildade, da sinceridade e do fervor. Temos o vislumbre de uma fé firme, uma amarga tristeza e o discernimento espiritual de uma mulher. O Mestre foi ao país sidônio para que esta verdade estivesse refletida para sempre: não há apelo tão eficaz quanto a oração persistente, e nenhum a que Deus se entregue de forma tão completa e livre.

A persistência dessa mãe aflita concedeu-lhe a vitória e materializou seu pedido. No entanto, em vez de ser uma ofensa ao Salvador, ganhou dele uma palavra de admiração e surpresa: "[...] 'Mulher, grande é a sua fé! Seja conforme você deseja' " (Mateus 15.28).

Aquele que não impõe seu pedido, na realidade não ora. Orações frias não têm nada para reivindicar no céu, nem sequer são ouvidas no alto. O fogo é a vida da oração, e o céu é alcançado pela chama importuna que sobe em escala ascendente.

Voltando ao caso da viúva persistente, vemos que sua viuvez, sua falta de amigos e sua fraqueza não tiveram nenhum valor para o juiz iníquo. A insistência foi tudo. " 'esta viúva está me aborrecendo' ", disse, " 'vou fazer-lhe justiça para que ela não venha me importunar' " (Lucas 18.5). Somente porque a viúva persistiu em demandar tempo e atenção do juiz injusto é que sua causa foi atendida.

Deus espera pacientemente, dia e noite, enquanto seu eleito clama. Ele se sente movido por seus pedidos mil vezes mais do que o juiz injusto. Há um limite estabelecido para sua tardança, que é que seu povo ore com persistência; ao final, a resposta é dada sem medida. Deus encontra fé no filho que ora — a fé que permanece e clama — e honra isso ao permitir sua aplicação posterior, para o objetivo que é fortalecido e enriquecido. Então, recompensa ao conceder o apelo, em plenitude e finalidade.

O caso da mulher cananeia, referido anteriormente, é um notável exemplo do sucesso da persistência, que é eminentemente encorajadora para todos os que querem orar com eficácia. Foi um caso célebre de insistência e perseverança que tinham como alvo a vitória, diante de obstáculos quase insuperáveis. Mas a mulher superou todos eles pela fé heroica e espírito persistente que foi tão notável quanto seu sucesso. Jesus tinha ido ao país daquela mulher e "não queria que ninguém o soubesse". Mas ela rompe seu propósito, viola sua privacidade, atrai sua atenção e despeja sobre ele um apelo mordaz de necessidade e fé. Ela tinha o coração na oração que fazia.

No início, Jesus parece não prestar atenção à agonia da mulher e ignora seu clamor por alívio. Não olha para ela, não a ouve, não lhe dá uma única palavra. Um silêncio frio e profundo é a resposta a seu clamor exaltado. Mas ela não se desvia, nem se desmotiva. Mantém-se firme. Os discípulos, ofendidos por tal inconveniente clamor, intercedem por ela, mas se calam pela declaração de Jesus de que a mulher estava inteiramente fora do escopo de sua missão e ministério.

Mas nem o fracasso dos discípulos em conseguir que fosse ouvida ou notada — desesperada por sua própria natureza — por não ter acesso aos benefícios da missão do Senhor, assustou-a; antes, serviu apenas para dar intensidade e mais ousadia em sua conversa com Cristo. Ela chegou mais perto, dividindo sua oração em duas partes, e, caindo a seus pés, adorando-o, fazendo da causa de sua filha sua própria causa, clamando de forma curta e objetiva: " 'Senhor, ajuda-me!' ". Esse último clamor deu a ela a vitória; sua filha fora curada na mesma hora. Esperançosa, solícita e incansável, aproximou-se do Mestre, insistindo e orando até que a resposta lhe fosse dada. Que lição de persistência, sinceridade, persistência, promovida e impulsionada sob condições que teriam desanimado qualquer um, exceto uma alma heroica e constante.

Nessas parábolas sobre persistência, nosso Senhor estabelece, para nosso conhecimento e encorajamento, as sérias dificuldades que permanecem no caminho da oração. Ao mesmo tempo ensina que a insistência conquista todas as circunstâncias adversas e é vitoriosa sobre todo tipo de obstáculos. Ensina, além disso, que uma resposta à oração é proporcionalmente condicional ao tamanho da fé que acompanha a petição. Para testá-la, retarda a resposta. A oração superficial diminui no silêncio, quando a resposta é adiada. Mas o homem de oração espera e espera. O Senhor reconhece e honra sua fé, concedendo-lhe uma resposta farta à sua oração fiel e insistente.

7. ORAÇÃO E PERSISTÊNCIA
(CONTINUAÇÃO)

Dois terços das orações que fazemos são para que
nos sejam concedidos os maiores prazeres possíveis.
É um tipo de comodismo espiritual no qual nos en-
gajamos e, como consequência, é o total oposto da
autodisciplina. Deus sabe de tudo isso e mantém
seus filhos pedindo. Com o passar do tempo — o
tempo de Deus —, nossas petições assumem outro
aspecto, e ganhamos outra perspectiva espiritual.
Deus nos mantém orando até que, em sua sabedoria, ele condescende em responder. E não importa
quanto tempo leve para que responda, será muito
mais cedo do que temos o direito de esperar ou a
esperança de merecer.

Anon

O TEOR DOS ENSINAMENTOS de Cristo é de que os homens
devem orar com tal sinceridade que não pode ser negada. Os céus têm ouvidos apenas para os de coração
pleno e de profunda sinceridade. Energia, coragem e
persistência devem endossar as orações que os céus
respeitam e Deus ouve. Todas essas qualidades da alma,
tão essenciais à oração eficaz, são trazidas à tona na
parábola do homem que foi até seu amigo em busca
de pão, à meia-noite. O homem assumiu sua incumbência com confiança. A amizade lhe prometia êxito.

Seu apelo era urgente: com certeza não voltaria de mãos vazias. A recusa fria decepcionou-o e surpreendeu. Até mesmo a amizade falhou! Mas havia algo ainda a tentar — uma decisão firme, estabelecida e determinada. Ele ficaria e insistiria em sua demanda até que a porta se abrisse e seu pedido fosse atendido. Procedeu dessa forma e, pela força da insistência, assegurou o que a mera solicitação falhara em obter.

O êxito desse homem, alcançado diante de uma frígida negação, foi usado pelo Salvador para ilustrar a necessidade de insistir ao suplicar ao trono da graça celestial. Quando a resposta não é dada imediatamente, o cristão que ora deve criar coragem a cada atraso e avançar na persistência até que a resposta venha, o que acontecerá se tiver fé para insistir em sua petição com vigorosa convicção.

A frouxidão, o desânimo, a impaciência e a timidez são essenciais na oração. Aguardar a investida da importunação e da insistência é o coração, a mão, o poder e o desejo infinitos do Pai para ouvir e responder a seus filhos.

A oração persistente é o mais sincero movimento interior do coração rumo a Deus. É o derramar de toda a força do homem espiritual para a prática da oração. Isaías lamentou que ninguém se animava a apegar-se a Deus. Era feita muita oração nos tempos de Isaías, mas superficial, indiferente e complacente.

Não havia grandes movimentos das almas em direção a Deus. Não havia um conjunto de energia santificada que se inclinasse a alcançar e lutar com Deus, a fim de extrair os tesouros de sua graça. Orações sem força não têm poder para superar as dificuldades, nenhum poder para conquistar metas nem obter completas vitórias. Devemos conquistar Deus antes de conquistarmos nossos pleitos.

Isaías esperou com olhos esperançosos o dia em que a religião floresceria, quando haveria tempos de verdadeira oração. Quando aqueles tempos viessem, o atalaia não diminuiria sua vigilância, mas clamaria dia e noite, e aqueles que se lembrassem de Deus não lhe dariam descanso. Seus esforços insistentes e persistentes manteriam todos os interesses espirituais empenhados e fariam crescentes saques dos tesouros inesgotáveis de Deus.

A oração persistente não desanima nem se cansa; nunca é desencorajada; nunca se rende à covardia, mas flutua e é sustentada pela esperança que nunca se desespera e uma fé que nunca acaba. A oração persistente tem paciência para esperar e força para continuar. Nunca se prepara para deixar de orar e recusa-se a levantar os joelhos até que a resposta seja recebida.

As palavras familiares, porém animadoras, do grande missionário Adoniram Judson são o testemunho do homem que era insistente na oração. Ele diz:

Nunca desejei profundamente nenhum objeto e nunca orei sinceramente por algo, mas essa necessidade me acometeu certa vez, e orei sem medo de quanto demoraria. Até que veio, de uma maneira, provavelmente da última forma que eu teria imaginado.

"Peçam, e será dado; busquem, e encontrarão; batam, e a porta será aberta" (Mateus 7.7). São estes os vibrantes desafios do nosso Senhor no que diz respeito à oração e sua intimação de que a verdadeira oração deve permanecer e avançar no esforço e persistência até que a oração seja respondida e a bênção almejada, recebida.

Nas três palavras — pedir, buscar e bater — na ordem que o Senhor as coloca, Jesus insiste na necessidade da persistência na oração. Pedir, buscar e bater são passos ascendentes na escada da oração bem-sucedida. Nenhum princípio é mais reforçado por Cristo do que aquele de que a oração insistente deve ter em si a qualidade que espera e persevera, a coragem que nunca se rende, a paciência que nunca se cansa, a determinação que nunca vacila.

Na parábola precedente à do amigo à meia-noite, é esboçada a mais significativa e instrutiva lição a esse respeito. Coragem indomável, pertinácia incessante e imutabilidade de propósito se destacam entre as qualidades incluídas na estimativa de Cristo sobre a mais elevada e mais bem-sucedida forma de oração.

A persistência é feita de intensidade, perseverança, paciência e persistência. O aparente atraso em responder à oração é a base e a demanda para a insistência. No primeiro registro de Mateus sobre um milagre operado em dois cegos, temos uma ilustração da maneira pela qual nosso Senhor parece não ouvir os que o buscam. Mas os dois cegos continuaram seu clamor e o seguiram com uma petição contínua, clamando: "[...] 'Filho de Davi, tem misericórdia de nós!' " (Mateus 9.27). No entanto, Jesus não lhes respondeu e entrou na casa. Contudo, eles o seguiram e finalmente tiveram a visão restaurada e seu apelo atendido.

O caso do cego Bartimeu é notável em muitos sentidos. É especialmente excepcional pela demonstração de persistência que aquele homem cego mostrou ao apelar a nosso Senhor. Se — como parece ser — seu primeiro clamor foi feito quando Jesus acabava de entrar em Jericó, e continuou até que Jesus saiu daquele lugar, essa é a maior ilustração da necessidade da oração persistente e do êxito que obtêm os que depositam tudo em Cristo e que não lhe dão sossego até que Jesus lhes conceda os desejos do coração.

Marcos apresenta o acontecimento de forma gráfica. Em princípio, Jesus parece não dar ouvidos. A multidão repreende o clamor turbulento de Bartimeu.

Apesar do aparente descaso do nosso Senhor e da repreensão de uma multidão impaciente e irritada, o pedinte cego continua clamando e aumenta o volume de seu clamor, até que Jesus fique impressionado e movido. Finalmente, a multidão, bem como Jesus, ouve o apelo do pedinte e se declara favorável à sua causa. Ele obtém êxito. Sua importunação tem proveito, mesmo diante da aparente negligência por parte de Jesus e apesar da oposição e da repreensão da multidão ao redor. Sua persistência venceu quando a indiferença hesitante certamente teria falhado.

A fé tem sua esfera de ação conectada à oração e, claro, está inseparavelmente associada à persistência. Mas é a persistência que conduz a oração ao ponto da crença. Um espírito persistente leva o homem ao lugar onde a fé se estabelece, reivindica e se apropria da bênção.

A necessidade imperativa da oração persistente está abertamente estabelecida na Palavra de Deus e precisa ser declarada e redeclarada nos dias de hoje. Tendemos a negligenciar essa verdade vital. O amor ao conforto, a indolência espiritual e a ociosidade religiosa operam contra esse tipo de petição. Contudo, nossa oração deve ser enfatizada e buscada com uma energia que nunca se cansa, uma persistência que não será negada e uma coragem que nunca falha.

7. Oração e persistência (continuação)

Necessitamos também refletir sobre um misterioso fato acerca da oração: a certeza de que haverá atrasos, recusas e aparentes falhas em relação a sua prática. Devemos nos preparar para isso, tolerá-lo e não cessar na prática da oração persistente. Como um bravo soldado que, ao ver que o conflito se torna mais acirrado, exibe coragem superior à dos estágios iniciais da batalha, assim faz o cristão que ora quando o atraso e a recusa o acometem, aumentando a intensidade do pedido e não cessando até que a oração prevaleça. Moisés fornece um exemplo ilustre de insistência na oração. Em vez de permitir que sua proximidade e intimidade com Deus dispensassem a necessidade da persistência, ele as considera como a melhor situação para seu exercício. Quando Israel fez o bezerro de ouro, a ira de Deus se acendeu ferozmente contra o povo, e Javé, inclinado a executar a justiça, disse a Moisés, ao divulgar o que iria fazer: "Me deixe a sós!". Mas Moisés *não* o deixou. Inclinou-se perante o Senhor em uma intercessão agonizante em favor dos israelitas pecadores e, por quarenta dias e noites, jejuou e orou. Que ocasião para a oração persistente foi aquela!

Javé estava indignado com Arão também por ter agido como líder na obra idólatra relacionada ao bezerro de ouro. Mas Moisés orou por Arão e pelos israelitas; caso contrário, tanto Israel quanto

Arão teriam perecido pelo fogo consumidor da ira de Deus.

Aquela longa temporada de apelo diante de Deus deixou sua poderosa marca em Moisés. Antes, ele já tinha estado em intimidade com Deus, mas nunca havia alcançado tal grandeza nos dias e anos posteriores àquele longo período de intercessão persistente.

Não há dúvida de que a oração insistente move Deus e eleva o caráter humano! Se estivéssemos mais com Deus no grande ato de intercessão, nossa face brilharia mais intensamente, mais ricamente dotados seriam a vida e o serviço, com as qualidades que ganham a boa vontade da humanidade e trazem glória ao nome de Deus.

8. ORAÇÃO, CARÁTER E CONDUTA

> O general Charles James Gordon, o herói de Cartum,
> foi um verdadeiro soldado cristão. Encerrado na ci-
> dade sudanesa, ele resistiu com bravura por um ano,
> mas, finalmente, foi vencido e morto. Em seu memo-
> rial na Catedral de Westminster, encontramos estas
> palavras: "Deu seu dinheiro aos pobres; sua simpatia
> aos aflitos; sua vida a seu país e sua alma a Deus".
> HOMER W. HODGE

A ORAÇÃO REGE A conduta, e a conduta faz o caráter. Conduta é o que fazemos; caráter é o que somos. Conduta é a vida externa. O caráter é a vida invisível, escondida, que se deixa, contudo, entrever por aquilo que é contemplado. A conduta é externa, vista de fora; o caráter é interno — opera por dentro. Na organização da graça, a conduta é o produto do caráter. O caráter é o estado do coração; a conduta, sua expressão externa. O caráter é a raiz da árvore; a conduta, os frutos.

A oração está relacionada com todos os dons da graça. Sua relação com o caráter e a conduta é ser auxiliadora. A oração ajuda a estabelecer o caráter e a moldar a conduta; a continuação bem-sucedida de ambos depende da oração. Há certo nível de caráter moral e conduta independentemente da oração, mas não pode haver um caráter evidentemente religioso e uma conduta cristã sem que haja oração. A oração auxilia onde todos os demais auxílios falham. Quanto mais oramos, melhores somos e melhor e mais pura é nossa vida.

A principal finalidade e propósito da obra expiatória de Cristo é criar um caráter religioso e uma conduta cristã: "Ele se entregou por nós a fim de nos remir de toda a maldade e purificar para si mesmo um povo particularmente seu, dedicado à prática de boas obras" (Tito 2.14).

Nos ensinamentos de Cristo, não são somente simples obras de caridade e atos de misericórdia que ele exige, mas também caráter espiritual interior. Isso é o que se exige; nada menos bastará.

No estudo das epístolas de Paulo, há algo que se destaca de forma clara e inconfundível: a insistência da santidade de coração e a integridade de vida. Paulo não busca muito promover o que se chama de "trabalho pessoal", nem são os atos de misericórdia o tema principal de suas cartas. É a condição do coração humano e a irrepreensibilidade da vida pessoal que formam o conteúdo dos escritos de Paulo.

Em outros textos das Escrituras, o caráter e a conduta são os temas principais. A religião cristã lida com homens que são desprovidos de caráter espiritual, profanos; o objetivo é mudá-los, para que se tornem santos no coração e justos na vida. Visa transformar homens maus em homens bons; lida com maldade interior e trabalha para mudá-la em bondade interior. E é aqui que a oração entra e demonstra sua maravilhosa eficácia e fruto. A oração se dirige a essa finalidade específica. De fato, sem oração, nenhuma mudança sobrenatural no caráter moral pode ser efetuada. Pois a mudança do mal para o bem não é feita "por causa de atos de justiça por nós praticados", mas de acordo com a misericórdia de Deus, que nos salva pelo "lavar regenerador" (cf. Tito 3.5). E essa mudança maravilhosa acontece por meio da oração sincera, persistente e fiel. Qualquer forma alegada de cristianismo que não efetua tal mudança no coração dos homens é desilusão e cilada.

A função da oração é mudar o caráter e a conduta dos homens, e em inúmeros exemplos isso tem sido forjado pela oração. Nesse ponto, a oração, por sua prerrogativa, tem provado seu caráter divino. Assim como é a função da oração efetuar essa mudança, é função principal da igreja tomar conta dos homens maus e transformá-los em bons. Sua missão é mudar a natureza humana, o caráter, influenciar o comportamento e revolucionar a conduta. Presume-se que a igreja seja justa e engaje-se em transformar os homens em justos. A igreja é a oficina de Deus na terra, e sua principal tarefa é criar a manter integridade no caráter. Esta é a principal tarefa. Primeiramente, sua missão não é adquirir membros, nem acumular números, nem focar a arrecadação, nem se engajar em caridades ou obras de misericórdia, mas sim produzir integridade de caráter e pureza na vida externa.

Um produto reflete e compartilha a característica da empresa que o produz. Uma igreja justa, com um propósito justo, faz homens justos. A oração produz limpeza de coração e pureza de vida. Não tem como produzir nada mais. A conduta injusta nasce da falta de oração; as duas andam de mãos dadas. A oração e o pecado não podem permanecer juntos. Um ou outro, necessariamente, deve cessar. Faça os homens orar, e cessarão de pecar, pois a oração cria um desgosto pelo pecado e trabalha no coração; assim, a transgressão se torna repugnante, e eleva toda a natureza a uma contemplação reverente de coisas grandiosas e santas.

A oração baseia-se no caráter. O que somos com Deus mede a influência que temos com ele. Foi o caráter interno, não a aparência externa, que permitiu que homens como Abraão, Jó, Davi, Moisés e outros tivessem grande influência com Deus na Antiguidade. Hoje, não são as palavras que influenciam Deus, mas sim o que somos. A conduta afeta o caráter e é de grande estima na nossa oração. Ao mesmo tempo, o caráter afeta a conduta em grande dimensão e possui uma influência superior sobre a oração. Nossa vida interna não somente dá cor à nossa oração, mas também ao corpo. Vida sem qualidade significa oração supérflua e, ao final, leva à total falta de oração. Oração débil, vida débil. A corrente de oração não pode subir mais alto do que a fonte da vida. A força do recôndito interno é constituída da energia que flui dos ribeiros de água viva. Mas a fraqueza da vida cresce da superficialidade e da inferioridade de caráter.

A debilidade da vida reflete sua fraqueza e inércia nas horas de oração. Simplesmente não podemos conversar com Deus intensamente, com intimidade e confidencialidade, a não ser que vivamos para ele, fiel e verdadeiramente. O momento de oração não pode se tornar santificado a Deus quando a vida está alheia a seus preceitos e propósitos. Devemos aprender corretamente esta lição: que o caráter justo e a conduta cristã nos dá um lugar peculiar e preferencial na oração diante de Deus. Sua Palavra santa dá ênfase especial à questão do valor que a conduta tem nas nossas orações, quando declara: " 'Aí sim, você clamará ao Senhor, e ele responderá; você gritará por socorro, e ele dirá: Aqui estou. Se você eliminar do seu meio o jugo opressor, o dedo acusador e a falsidade do falar' " (Isaías 58.9).

A fraqueza de Israel e suas práticas abomináveis foram citadas por Isaías como o motivo para Deus fechar os ouvidos à oração daquele povo:

"Quando vocês estenderem as mãos em oração, esconderei de vocês os meus olhos; mesmo que multipliquem as suas orações, não as escutarei! As suas mãos estão cheias de sangue!" (Isaías 1.15).

A mesma triste verdade foi declarada pelo Senhor por intermédio de Jeremias: " '[...] não ore em favor deste povo nem ofereça súplica ou petição alguma por eles, porque eu não ouvirei quando clamarem a mim na hora da desgraça' "(11.14).

Afirma-se aqui claramente que a conduta perversa é um obstáculo ao sucesso da oração, assim como está claramente implícito que, para ter total acesso a Deus em oração, deve haver total abandono do pecado consciente e premeditado.

Somos intimados a orar, "levantando mãos santas, sem ira e sem discussões" (1Timóteo 2.8), e devemos passar o tempo da nossa jornada aqui em rigorosa abstinência do mal, caso queiramos conservar nosso privilégio de clamar ao Pai. Não podemos, de nenhuma forma, separar a oração da conduta: "e recebemos dele tudo o que pedimos, porque obedecemos aos seus mandamentos e fazemos o que lhe agrada" (1João 3.22).

Tiago declara categoricamente que os homens pedem e não recebem, porque pedem mal e buscam apenas a gratificação de desejos egoístas.

A ordem do nosso Senhor de que devemos vigiar e orar tem como objetivo cobrir e guardar nossa conduta a fim de que possamos ir ao nosso lugar secreto de oração com toda a força, assegurados por um guarda vigilante mantido ao longo da nossa vida. " 'Tenham cuidado, para não sobrecarregar o coração de vocês de libertinagem, bebedeira e ansiedades da vida, e aquele dia venha sobre vocês inesperadamente' " (Lucas 21.34).

Frequentemente, a experiência cristã tropeça na pedra da conduta. Belas teorias são arruinadas por vidas terríveis. O mais difícil e o mais impressionante da piedade é ser capaz de vivê-la. Essa é a vida que importa, pois nossas orações, assim como nossa experiência religiosa, sofrem com uma vida mal vivida.

Nos tempos antigos, os pregadores tinham a incumbência de pregar com a própria vida; caso contrário, não deveriam pregar. Portanto, hoje, os cristãos, em todo lugar, devem orar com sua vida; caso contrário, não devem orar de nenhuma forma. A pregação mais eficaz não é a que é ouvida do púlpito, mas a que é proclamada silenciosa, humilde e consistentemente; a qual exibe suas excelências no lar e na comunidade. O exemplo prega um sermão de forma mais eficaz do que um ensinamento. A melhor oração, mesmo no púlpito, é aquela que é fortalecida pela vida piedosa do próprio pregador. A mais efetiva obra feita no banco da igreja é precedida e acompanhada pela santidade de vida, separação do mundo e rompimento com o pecado. Os maiores apelos são feitos com os lábios cerrados — por pais e mães santos e piedosos que, em casa, temeram a Deus, amaram sua causa e mostraram diariamente a seus filhos e outros as belezas e excelências da vida e conduta cristãs.

O melhor e mais eloquente sermão pode ser arruinado por práticas questionáveis do pregador. O trabalhador mais ativo da igreja pode ter o trabalho de suas mãos contaminado com o espírito mundano e a efemeridade da vida. Os homens pregam com a própria vida, não com palavras, e os sermões são pregados não tanto no púlpito e do púlpito, mas por temperamento, ações e milhares de incidentes que preenchem as veredas da vida diária.

É claro que a oração de arrependimento é aceitável a Deus. Ele se agrada em ouvir os clamores dos pecadores penitentes. Contudo, o arrependimento não envolve apenas a tristeza pelo pecado, mas também o afastamento das más obras e o aprendizado do bem. O arrependimento que não produz mudança no caráter e na conduta é mera enganação que não ilude ninguém. As coisas velhas *devem* passar, e todas as coisas *devem* se tornar novas.

A oração que não resulta no correto pensar e viver é uma farsa. Perdemos a função da oração se esta

8. Oração, caráter e conduta

falha em limpar o caráter e purificar a conduta. Falhamos inteiramente em reter a virtude da oração se esta não produz uma revolução de vida. Pela própria natureza das coisas, devemos abandonar a oração ou a má conduta. A oração fria e formal anda lado a lado com a má conduta, mas tal oração não é assim considerada por Deus. Nossa oração avança em poder proporcionalmente à purificação da vida. Uma vida de oração é uma vida que cresce em pureza e devoção a Deus.

O caráter da vida interior é uma condição para a oração eficaz. Como é a vida, assim será a oração. Uma vida inconsistente obstrui a oração e neutraliza a pouca súplica que fizermos. Em todo tempo, a "oração de um justo é poderosa e eficaz" (Tiago 5.16). De fato, podemos ir mais longe e afirmar que apenas a oração do justo é aproveitável, a todo momento. Ter os olhos na glória de Deus, ser possuído por sincero desejo de agradá-lo em todas as maneiras, ter as mãos engajadas em sua obra e os pés velozes para correr no caminho dos seus mandamentos dão peso, influência e poder à oração e garantem uma audiência com Deus. Os pesadelos da nossa vida geralmente definham a força da nossa oração e frequentemente são como portas de bronze bloqueando a oração.

A oração deve vir de mãos limpas e ser apresentada e impelida com o "levantar de mãos santas". Deve ser fortalecida por uma vida que vise incessantemente obedecer a Deus, para alcançar a conformidade com a lei divina e se submeter à vontade do Senhor.

Não esqueçamos de que, embora a vida seja uma condição para a oração, a oração é também a condição da vida justa. A oração promove a vida justa e é um dos grandes auxílios à retidão do coração e da vida. O fruto da verdadeira oração é a vida justa. A oração leva a pessoa que ora a "desenvolver a salvação com temor e tremor"; leva-a a vigiar seu temperamento, conversação e conduta; leva-a a andar com prudência, aproveitando bem todas as oportunidades; capacita-a a viver de maneira digna a vocação que recebeu com humildade e mansidão; dá a ela um grande incentivo para que trilhe sua peregrinação de modo coerente, evitando todo caminho mal e andando em bondade.

9. ORAÇÃO E OBEDIÊNCIA

> A obediência se descobriu na pessoa de Fletcher,
> oriundo de Madeley, a quem eu gostaria de poder
> descrever ou imitar. A obediência produziu nele
> uma mente pronta para abraçar cada cruz com en-
> tusiasmo e prazer. Ele tinha um amor singular pelas
> ovelhas do rebanho e empenhou-se com grande
> afinco para instruí-las, tarefa para a qual tinha
> um dom peculiar... Todo trato dele comigo foi tão
> mesclado com oração e louvor que todo trabalho e
> cada refeição foram, por assim dizer, perfumadas.
>
> JOHN WESLEY

SOB A LEI MOSAICA, a obediência era considerada "melhor do que o sacrifício, e a submissão é melhor do
que a gordura de carneiros" (1Samuel 15.22). Em
Deuteronômio 5.29, Moisés apresenta o Deus todo-
-poderoso declarando-se com relação a essa qualidade, de uma maneira que não deixa dúvidas quanto à
importância que o Senhor impôs sobre sua prática.
Referindo-se à desobediência de seu povo, exclama:
" 'Quem dera eles tivessem sempre no coração esta
disposição para temer-me e para obedecer a todos os
meus mandamentos. Assim tudo iria bem com eles e
com seus descendentes para sempre!' ".

A obediência inquestionável é grande virtude e qualidade em um soldado. Aliás, obedecer é a

principal característica do soldado. É sua primeira e última lição, e deve aprender como praticá-la a todo tempo, sem questionar nem reclamar. Além disso, a obediência é a fé em ação e expressão, pois se apresenta como o teste do amor. " 'Quem tem os meus mandamentos e lhes obedece, esse é o que me ama' " (João 14.21). Além disso, a obediência é o conservante e a vida do amor. " 'Se vocês obedecerem aos meus mandamentos, permanecerão no meu amor, assim como tenho obedecido aos mandamentos de meu Pai e em seu amor permaneço' " (João 15.10).

Que maravilhosa declaração da relação criada e mantida pela obediência! O Filho de Deus é mantido no seio do amor do Pai pela virtude de sua obediência! E o fator que permite que o Filho de Deus habite para sempre no amor do Pai está revelado em sua própria declaração: " '[...] pois sempre faço o que lhe agrada' " (João 8.29).

O dom do Espírito Santo, em sua plenitude e mais próspera experiência, depende da obediência em amor: " 'Se vocês me amam, obedecerão aos meus mandamentos' " (João 14.15). São as palavras do Mestre. " 'E eu pedirei ao Pai, e ele dará a vocês outro Conselheiro para estar com vocês para sempre' " (v. 16).

A obediência a Deus é condição do sucesso espiritual, da satisfação pessoal e da estabilidade do coração. " 'Se vocês estiverem dispostos a obedecer,

comerão os melhores frutos desta terra' " (Isaías 1.19).
A obediência abre as portas da Cidade Santa e dá acesso à árvore da vida. " 'Felizes os que lavam as suas vestes, e assim têm direito à árvore da vida e podem entrar na cidade pelas portas' " (Apocalipse 22.14).

O que é obediência? É fazer a vontade de Deus: guardar seus mandamentos. Quantos dos mandamentos constituem obediência? Manter metade e transgredir metade seria obediência de verdade? Manter todos, menos um — é obediência? Sobre isso, o apóstolo Tiago é mais explícito: " 'Pois quem obedece a toda a Lei' ", declara, " 'mas tropeça em apenas um ponto, torna-se culpado de quebrá-la inteiramente' " (2.10).

O espírito que incita o homem a transgredir um mandamento é o mesmo que o incitará a transgredir todos. Os mandamentos de Deus são uma unidade, e transgredir um deles atinge o princípio que sustenta e interage com o todo. Aquele que não hesita em transgredir um único mandamento, irá — muito mais provavelmente — sob a mesma dificuldade e circunstância, transgredir os demais.

É exigida a obediência universal da humanidade. Nada além da obediência implícita satisfará Deus, e guardar todos os seus mandamentos é a demonstração que Deus requer. Mas podemos guardar todos os mandamentos? Pode um homem receber uma habilidade moral tal que lhe permita obedecer a cada um deles?

Certamente sim. Em cada momento, o homem pode, pela oração, obter a capacidade de fazê-lo.

Seria Deus capaz de estabelecer mandamentos aos quais o homem não pudesse obedecer? Seria ele tão arbitrário, severo, indiferente, para emitir mandamentos que não pudessem ser obedecidos? A resposta é que em todos os relatos das Escrituras Sagradas não há um só caso registrado de Deus ordenando a qualquer homem fazer algo que esteja além de sua capacidade. É Deus tão injusto e tão imprudente em requerer do homem o que este não pode entregar? Certamente não. Deduzir tal coisa é difamar o caráter de Deus.

Ponderemos sobre isto por um instante: os pais terrenos requerem de seus filhos tarefas que eles não podem realizar? Que pai pensaria em ser tão injusto e tirano? Seria Deus menos generoso que pais terrenos tão imperfeitos? Seriam eles melhores e mais justos que um Deus perfeito? Que ideia completamente tola e insustentável!

Em princípio, a obediência a Deus é a mesma qualidade da obediência aos pais terrenos. Isso implica, em termos gerais, a renúncia de uma pessoa de seu próprio caminho e seguir o de outrem; a entrega da vontade à vontade de outrem; a submissão à autoridade e requerimentos de um criador. Mandamentos, sejam do Pai celestial ou do pai terreno, são direções de amor, e todos eles servem para o bem daqueles que foram incumbidos de cumpri-los. Os mandamentos de Deus não foram estabelecidos por severidade ou tirania. Sempre foram estabelecidos em amor e por nosso interesse; portanto, nos convêm guardá-los e obedecer-lhes. Em outras palavras, dizendo de maneira simplista: Deus, ao estabelecer seus mandamentos a nós, tinha em mente promover nosso bem; portanto, vale a pena ser obediente. A obediência traz sua própria recompensa. Deus assim ordenou, e, assim sendo, até mesmo a razão humana pode perceber que ele nunca exigiria algo que estivesse fora de alcance.

Obediência é amor; ao cumprir-se cada mandamento, o amor expressa a si mesmo. A obediência, portanto, não é um requerimento mais difícil que nos é feito do que o serviço que um marido presta à esposa, e vice-versa. O amor agrada-se em obedecer e satisfaz a quem é amado. Não há dificuldades no amor. Pode haver exigências, mas não aborrecimento. Não há tarefas impossíveis para o amor.

Com que simplicidade e praticidade o apóstolo João diz: "e recebemos dele tudo o que pedimos, porque obedecemos aos seus mandamentos e fazemos o que lhe agrada" (1João 3.22).

Isso é obediência — algo que vai à frente de todos os mandamentos. Obedecer antecipadamente é amar. As pessoas erram, e até mesmo pecam, ao dizer que os homens são obrigados a cometer iniquidades, seja em razão de ambiente seja em razão de hereditariedade ou tendência. Os mandamentos de Deus não são penosos. Seus caminhos são um prazer, e seus passos são de paz. A tarefa de obedecer não é difícil. "Pois meu jugo é suave e meu fardo é leve" (Mateus 11.30).

O nosso Pai celestial nunca exigirá coisas impossíveis de seus filhos. É possível agradá-lo em todas as coisas, pois Deus não é difícil de agradar. Ele não é um amo duro ou um senhor austero do tipo " 'Tiras o que não puseste e colhes o que não semeaste' " (Lucas 19.21). Graças a Deus, é possível para cada filho de Deus agradar o Pai celestial! É mais fácil agradá-lo do que aos homens. Além disso, *sabemos* quando o agradamos. Este é o testemunho do Espírito: a certeza divina interior, dada a todos os filhos de Deus, de que estão fazendo a vontade do Pai e que seus caminhos são prazerosos aos olhos do Senhor.

Os mandamentos de Deus são justos e fundados na justiça e sabedoria. "De fato a Lei é santa, e o mandamento é santo, justo e bom" (Romanos 7.12). "[...] Justos e verdadeiros são os teus caminhos, ó Rei das nações" (Apocalipse 15.3). Portanto, os mandamentos de Deus podem ser obedecidos por todos os que buscam a provisão da graça, a qual os habilita a obedecer. Esses mandamentos *devem* ser obedecidos. O governo de Deus está em questão.

Os filhos de Deus têm a obrigação de obedecer a ele; a desobediência não é permitida. O espírito de rebelião é a própria essência do pecado; é repúdio à autoridade de Deus, o que não é tolerado pelo Senhor. Ele nunca agiu dessa maneira, e a exposição de sua atitude foi parte do motivo de o Filho do Altíssimo ter sido manifesto entre os homens:

> Porque, aquilo que a Lei fora incapaz de fazer por estar enfraquecida pela carne, Deus o fez, enviando seu próprio Filho, à semelhança do homem pecador, como oferta pelo pecado. E assim condenou o pecado na carne, a fim de que as justas exigências da Lei fossem plenamente satisfeitas em nós, que não vivemos segundo a carne, mas segundo o Espírito. (Romanos 8.3,4)

Se alguém reclama que a humanidade, após a Queda, é fraca demais e impotente para obedecer a tais altos mandamentos de Deus, a resposta é que, por intermédio da expiação de Cristo, o homem está habilitado a obedecer. A expiação é o decreto habilitador de Deus. Tal decreto opera em nós, na regeneração e ação do Espírito Santo, outorgando a habilitação de graça suficiente para tudo que nos é requerido pela expiação. Tal graça é fornecida sobremaneira, em resposta à oração. Assim, enquanto Deus ordena, ao mesmo tempo se compromete a nos dar toda a força necessária de determinação e graça da alma para atender a suas demandas. Sendo isso verdade, o homem é indesculpável por sua desobediência e grandemente repreensível por recusar ou falhar em reter a graça requerida, pela qual pode servir ao Senhor com reverência e temor divino.

Há uma importante consideração — estranhamente ignorada pelos que declaram ser impossível guardar os mandamentos de Deus — vital sobre a declaração de que pela oração e pela fé a natureza do homem é alterada e feita participante da natureza divina, sendo gloriosamente retirada dele toda incapacidade natural e relutância em obedecer a Deus. Por essa mudança radical forjada em sua natureza moral, o homem recebe o poder de obedecer a Deus em todo caminho e de se submeter totalmente de forma plena e alegre. Então, pode dizer: "Tenho grande alegria em fazer a tua vontade, ó meu Deus [...]" (Salmos 40.8). A rebelião é um incidente à natureza removida do homem; e um coração que obedece alegremente à Palavra de Deus é dado ao homem de forma abençoadora.

Se for alegado que o homem não renovado, com todas as deficiências da Queda sobre ele, não pode obedecer a Deus, isso não poderá ser desmentido. Mas declarar que, depois de o homem ser renovado pelo Espírito Santo, recebeu a nova natureza e

9. Oração e obediência

se tornou um filho do Rei, e ainda assim não pode obedecer a Deus, é assumir uma atitude ridícula e mostrar, além disso, uma ignorância lamentável da obra e implicação da expiação de Cristo.

A obediência implícita e perfeita é o estado para o qual o homem é chamado. "[...] levantando mãos santas, sem ira e sem discussões" (1Timóteo 2.8) — esta é a condição da oração obediente. Aqui, a fidelidade interna e o amor, aliados à pureza externa, são postos lado a lado na oração aceitável.

João dá a razão da oração respondida na passagem citada anteriormente: "e recebemos dele tudo o que pedimos, porque obedecemos aos seus mandamentos e fazemos o que lhe agrada" (1João 3.22).

Ao ver que guardar os mandamentos de Deus é aqui estabelecido como a razão pela qual Deus responde às orações, é razoável admitir que *podemos* guardar os mandamentos de Deus e *podemos* fazer aquilo que lhe agrada. Você acredita que Deus faria a manutenção de seus mandamentos uma condição para a oração eficaz se soubesse que não poderíamos guardar seus estatutos? Certamente não!

A obediência pode pedir com ousadia diante do trono da graça, e os que a exercitam são os que *podem* pedir da maneira estabelecida. Os desobedientes são tímidos em sua abordagem e hesitantes em sua súplica. São interrompidos pela razão de seus maus hábitos.

O filho obediente que solicita algo entra na presença do Pai com confiança e ousadia. Sua consciência de obediência lhe dá coragem e o liberta do medo gerado pela desobediência.

Fazer a vontade de Deus sem objeção é uma alegria, pois é o privilégio da oração bem-sucedida. Aquele que tem mãos limpas e coração puro pode orar com confiança. No Sermão do Monte, Jesus disse: " 'Nem todo aquele que me diz: 'Senhor, Senhor', entrará no Reino dos céus, mas apenas aquele que faz a vontade de meu Pai que está nos céus' " (Mateus 7.21).

Complementando este grande veredito: " 'Se vocês obedecerem aos meus mandamentos, permanecerão no meu amor, assim como tenho obedecido aos mandamentos de meu Pai e em seu amor permaneço' " (João 15.10).

"O ofício do cristão", diz Lutero, "é a oração". Mas o cristão tem outro ofício a aprender, antes de prosseguir a aprender o ofício da oração. Deve aprender bem o ofício da perfeita obediência à vontade do Pai. A obediência acompanha o amor, e a oração acompanha a obediência. A atividade da *real* observância aos mandamentos de Deus acompanha inseparavelmente a atividade da *real* oração.

Aquele que desobedece pode até orar. Pode orar por perdão, misericórdia perdoadora e paz da alma. Pode vir aos pés de Deus com lágrimas, confissão, coração penitente, e Deus ouvirá a sua oração e responderá a ela. Mas esse tipo de oração não pertence ao filho de Deus, e sim ao pecador penitente, que não possui outro caminho de acesso a Deus. Isso é propriedade da alma injustificada, não daquele que foi salvo e reconciliado com Deus.

Uma vida obediente auxilia a oração. Acelera a oração ao trono. Deus não deixa de ouvir a oração de um filho obediente. Sempre o ouve quando ora. A obediência sem questionamentos conta muito à vista de Deus, no trono da graça celestial. Age como correnteza de muitos rios e dá volume e corpulência de fluidez, bem como poder à oração. Uma vida obediente não se limita a ser uma vida reformada. Não se trata da vida antiga melhorada e pintada novamente, nem mesmo uma vida de igreja, nem um bom revestimento de atividades. Não é uma conformação externa aos preceitos da moralidade pública. Muito mais que isso, é a combinação de um verdadeiro cristão obediente e uma vida de temor a Deus.

Uma vida de plena obediência; estabelecida nas mais íntimas condições com Deus; na qual a vontade está em total conformidade com a de Deus; e em que a vida externa mostra os frutos de justiça — tal vida não oferece nenhum obstáculo à oração em seu refúgio secreto, e sim, como Arão e Ur, levanta e sustenta as mãos de oração.

Se você tem o desejo sincero de orar corretamente, deve aprender como orar corretamente. Se você tem um desejo de aprender a orar, primeiro deve ter um sincero desejo de aprender como fazer a vontade de Deus. Se você deseja orar a Deus, deve primeiramente ter um desejo consumidor do obedecer a ele. Se você quer ter livre acesso a Deus em oração, então qualquer obstáculo de natureza pecaminosa ou desobediente deve ser removido. Deus se agrada das orações de filhos obedientes. Os pedidos oriundos dos lábios daqueles que se agradam em fazer sua vontade alcançam seus ouvidos com grande celeridade e o inclinam a responder-lhes com prontidão e generosidade. As lágrimas não possuem mérito algum em si mesmas. No entanto, têm sua utilidade na oração. As lágrimas devem batizar nosso local de súplica. Aquele que nunca chorou no tocante aos próprios pecados nunca *orou* realmente pelo perdão deles. As lágrimas, algumas vezes, são o único apelo de um penitente. Mas as lágrimas são para o passado, para o pecado e para os atos indevidos. Há outro passo e etapa que aguarda ser tomada. É a etapa da obediência sem questionamentos, e, até que seja tomada, qualquer oração por bênção e sustento será inútil.

Em qualquer lugar das Escrituras, Deus é representado como quem desaprova a desobediência e condena o pecado, e isso é tão verdadeiro na vida dos

9. Oração e obediência

eleitos quanto na dos pecadores. Em nenhum lugar Deus aprova o pecado ou perdoa a desobediência. Em todo tempo, Deus enfatiza a obediência a seus mandamentos. Isso traz bênçãos, ao passo que a desobediência traz o desastre. Essa é a verdade da Palavra de Deus do começo ao fim. É por esse motivo que os homens de oração tinham grande influência com Deus nas Sagradas Escrituras. Os obedientes sempre foram os mais íntimos de Deus. Eles são os que oram corretamente e recebem grandes coisas de Deus, que fazem grandes coisas acontecerem.

A obediência a Deus conta tremendamente no que se refere à oração. Pleitear uma fé religiosa que tolera o pecado é neutralizar a oração eficaz. Desculpar-se pelo pecado alegando que a obediência a Deus não é possível a homens libertinos é minimizar o caráter do novo nascimento, impedindo, assim, que o homem tenha uma oração eficaz. Em certa ocasião, Jesus irrompeu com uma questão muito pertinente e pessoal, atingindo o centro da desobediência, ao dizer: " 'Por que vocês me chamam 'Senhor, Senhor' e não fazem o que eu digo?' " (Lucas 6.46)

O que ora, deve obedecer. Aquele que quer algo de suas orações, deve estar em perfeita harmonia com Deus. A oração põe no coração dos que oram sinceramente um espírito de obediência, pois o espírito de desobediência não pertence a Deus nem a seu povo.

Uma vida obediente é de grande ajuda à oração. De fato, tal vida é uma necessidade para orar, do tipo de oração que obtém as coisas. A ausência de uma vida obediente faz da oração uma atividade vazia, um contrassenso. Um pecador penitente busca o perdão e a salvação, e tem resposta a suas orações, mesmo com uma vida manchada e imersa no pecado. Mas os *nobres* intercessores de Deus se achegam a ele com vida nobre. Viver em santidade promove a oração santa. Os intercessores de Deus "levantam mãos santas", que é o símbolo de uma vida justa e obediente.

10. ORAÇÃO E OBEDIÊNCIA
(CONTINUAÇÃO)

> Em meus 80 anos conheci muitos homens exemplares, santos no coração e na vida. Mas igual a John Fletcher — alguém tão obediente, por dentro e por fora, e devoto a Deus — ainda não.
>
> JOHN WESLEY

VALE REGISTRAR QUE A oração extraordinária, à qual é atribuída grandes resultados, não é simplesmente um balbuciar, mas sim uma oração santa. É a "oração dos santos", a oração dos santos de Deus. Por trás de tal oração, que lhe dão fogo e energia, há homens e mulheres que são completamente entregues a Deus, separados inteiramente do pecado e para o Senhor. Estes são os que sempre dão energia, força e vigor à oração.

Nosso Senhor Jesus Cristo era preeminente na oração, pois era preeminente em santidade. Uma total dedicação e entrega a Deus, a qual carrega em si todo o ser, em uma chama de consagração santa — tudo isso dá asas à fé e energia à oração. Abre as portas do trono da graça e traz grande abertura ao Deus todo-poderoso.

"Levantar mãos santas" é essencial à oração cristã. Não é, porém, uma santidade dedicada somente à hora da oração, em que se separa meramente uma hora ao Senhor, mas uma consideração que toma conta de todo homem que dedica a vida por completo a Deus.

Nosso Senhor Jesus Cristo, "santo, inculpável, puro, separado dos pecadores, exaltado acima dos céus" (Hebreus 7.26), tinha total liberdade de aproximação e acesso instantâneo a Deus em oração. E tinha esse acesso livre e pleno por causa de sua obediência inquestionável ao Pai. Por sua vida terrena, sua suprema preocupação e desejo consistiam em fazer a vontade do Pai. Esse fato, aliado ao da consciência de dispor a própria vida, deu-lhe confiança e certeza, as quais o capacitaram a se aproximar do trono da graça com confiança ilimitada, gerada da obediência e da prometida aceitação, assistência e resposta.

Obediência em amor nos deixa na situação de poder "pedir qualquer coisa em seu nome" com a certeza de que "ele fará". A obediência em amor nos leva ao ambiente da oração e nos faz beneficiários da riqueza de Cristo, e das riquezas de sua graça, pela vinda do Espírito Santo que habitará e permanecerá em nós. A obediência alegre a Deus nos qualifica a orar com eficácia.

Tal obediência, que não apenas nos qualifica, como também precede a oração, deve ser amorosa, constante, sempre fazendo a vontade do Pai e

10. Oração e obediência (continuação) 107

seguindo alegremente o caminho dos mandamentos de Deus.

No caso do rei Ezequias, foi um grande apelo que mudou o decreto de Deus de que ele deveria morrer. O governante afetado clamou a Deus para que se lembrasse de como ele andara diante do Senhor em verdade e de coração reto. Isso valia muito para Deus. O Senhor ouviu sua petição e, como resultado, a morte de Ezequias foi adiada em quinze anos.

Jesus aprendeu a obediência na escola do sofrimento e, ao mesmo tempo, aprendeu a orar na escola da obediência. Como a oração do justo pode muito em sua eficácia, assim é a justiça, que é a obediência a Deus. Um homem justo é obediente, e é ele quem ora com eficácia, que alcança grandes coisas quando se põe de joelhos.

Que seja lembrado que a verdadeira oração não é um mero sentimento, poema ou pronúncia eloquente. Nem consiste em dizer em doces cadências "Senhor, Senhor". A oração não é um mero formato de palavras; não é apenas clamar a um Nome. Oração é obediência. É alicerçada na rocha indestrutível da obediência a Deus. Apenas os que obedecem têm o direito de orar. Por trás da oração, deve haver o executar; e é a constante execução da vontade de Deus na vida cotidiana que dá potência à oração, como bem ensinou nosso Senhor:

> "Nem todo aquele que me diz: 'Senhor, Senhor', entrará no Reino dos céus, mas apenas aquele que faz a vontade de meu Pai que está nos céus. Muitos me dirão naquele dia: 'Senhor, Senhor, não profetizamos em teu nome? Em teu nome não expulsamos demônios e não realizamos muitos milagres?' Então eu lhes direi claramente: Nunca os conheci. Afastem-se de mim vocês que praticam o mal!" (Mateus 7.21-23).

Nenhum nome, não importa quão precioso e poderoso seja, pode proteger e conceder eficácia à oração sem estar acompanhado da execução da vontade de Deus. Nem a ação, sem a oração, nos livra da desaprovação divina. Se a vontade de Deus não governa a vida, a oração não passará de um sentimento doentio. Se a oração não inspira, santifica e direciona nosso trabalho, o egoísmo entra para arruinar tanto o trabalho quanto o trabalhador.

Quão grandes e variados são os equívocos referentes aos verdadeiros elementos e funcionamento da oração! Muitos desejam sinceramente obter uma resposta a suas orações, mas acabam sem recompensa e desventurados. Focam a mente em alguma promessa de Deus e se esforçam com a força de uma obstinada perseverança, a fim de obterem fé suficiente para lançar mão e reivindicar. Esse foco em alguma promessa pode até ser positivo para *fortalecer* a fé, mas, para reter a promessa, devem ser adicionadas persistência e oração persistente, a qual espera e aguarda até que a fé cresça de forma espetacular. E quem é capaz e competente para fazer que tal oração salve o homem que pronta, alegre e continuamente *obedece* a Deus?

A fé, em sua mais elevada forma, é o ato e postura de uma alma rendida a Deus, na qual habita sua Palavra e Espírito. É verdade que a fé deve existir de uma forma ou de outra, a fim de incitar a oração; mas em sua mais forte forma e em seus mais amplos resultados a fé é fruto da oração. É verdade que a fé aumenta a capacidade e eficácia da oração; mas também é verdade que tal oração aumenta a capacidade e a eficácia da fé. Oração e fé trabalham, agem e reagem uma sobre a outra.

A obediência a Deus auxilia a fé como nenhuma outra atitude. Quando há obediência — o reconhecimento implícito da validade e supremacia dos comandos divinos —, a fé deixa de ser uma tarefa quase sobre-humana. Não requer nenhum esforço para executá-la. A obediência a Deus facilita crer e confiar no Senhor. Quando o espírito da obediência impregna plenamente a alma; quando a vontade é perfeitamente rendida a Deus; quando há um propósito fixo e inalterável em obedecer a ele, a fé praticamente crê por si só. A fé passa a ser quase involuntária. Após a obediência, o próximo passo — o da fé — é tomado pronta e facilmente. A dificuldade da oração não está na fé, mas na obediência, que é o alicerce da fé.

Devemos atentar cuidadosamente para a obediência, para suas fontes secretas de ação, para a fidelidade do nosso coração a Deus, se quisermos orar efetivamente e desejar obter o máximo das nossas súplicas. A obediência é a base da oração eficaz; isso é o que nos aproxima de Deus.

A falta de obediência na nossa vida destrói a oração. Frequentemente, a vida está em rebelião, e isso nos deixa em uma situação em que a oração é quase impossível, exceto se for por perdão e misericórdia. A vida em desobediência produz orações extremamente pobres. A desobediência fecha a porta para o lugar secreto da oração e bloqueia o caminho para o Santo dos Santos. Nenhum homem pode realmente orar se não obedece.

A vontade deve ser rendida a Deus como condição primária a todo sucesso da oração. Todas as nossas características ganham matizes por meio do nosso caráter interno. O oculto fará nosso caráter e controlará nossa conduta. O desejo, portanto, desempenha um importante papel em toda oração bem-sucedida. Não pode haver oração em seu sentido mais rico e verdadeiro, onde o desejo não está

10. Oração e obediência (continuação)

total e plenamente rendido a Deus. Essa fidelidade inabalável a Deus é uma condição totalmente indispensável para que se obtenha a melhor, mais verdadeira e eficaz oração. Temos que simplesmente confiar e obedecer; *não há outra forma* de se alegrar em Jesus — a não ser confiar e *obedecer*!

11. ORAÇÃO E VIGILÂNCIA

> David Brainerd foi perseguido por adversários sobrenaturais, que estavam decididos a roubar sua recompensa. Ele sabia que nunca deveria abandonar sua armadura, mas sim descansar com o colete fechado. As manchas que estragavam a perfeição de seu lustroso uniforme e as ferrugens em seu escudo brilhante são imperceptíveis para nós; mas para ele eram a fonte de muita dor e fervoroso anseio.
>
> THE LIFE OF DAVID BRAINERD

A DESCRIÇÃO DO SOLDADO cristão, dada por Paulo no capítulo 6 da epístola aos Efésios, é compacta e abrangente. O soldado é retratado como se estivesse sempre em conflito, o qual possui muitos períodos oscilantes — períodos de prosperidade e adversidade, luz e trevas, vitória e derrota. Deve orar em todos os períodos da vida e com toda oração, a ser adicionada à couraça com a qual ele deverá batalhar. Em todo tempo, deve ter a plena armadura da oração. O soldado cristão, caso queira lutar para vencer, deve orar muito. Apenas por esses meios estará capacitado a derrotar seu antigo inimigo, o Diabo, e seus muitos emissários. "Orem no Espírito em todas as ocasiões, com toda oração e súplica" é a direção divina.

11. Oração e vigilância

Essa atitude cobre todos os períodos e abrange todas as formas de oração.

Os soldados cristãos, ao lutar a boa batalha da fé, têm acesso a um lugar de descanso, onde continuamente se restauram em oração. Orar em todas as ocasiões com toda oração é a declaração nítida da necessidade imperativa de muita oração, e de muitas formas de orar, por aquele que, lutando a boa luta da fé, vencerá, no final, todos os inimigos:

> Orem no Espírito em todas as ocasiões, com toda oração e súplica; tendo isso em mente, estejam atentos e perseverem na oração por todos os santos.
>
> Orem também por mim, para que, quando eu falar, seja-me dada a mensagem a fim de que, destemidamente, torne conhecido o mistério do evangelho, pelo qual sou embaixador preso em correntes. Orem para que, permanecendo nele, eu fale com coragem, como me cumpre fazer (Efésios 6.18-20).

Nunca é demais afirmar que a vida do cristão é uma batalha, um conflito intenso, uma disputa perpétua. É uma batalha acima de tudo travada contra inimigos invisíveis, que estão sempre em alerta e buscando armar, enganar e arruinar a alma dos homens. A vida a que nos convidam as Escrituras Sagradas não é um piquenique ou uma festa. Não se trata de um passatempo ou passeio. Implica esforço, luta; exige total energia do espírito a fim de frustrar o inimigo e sair, ao final, mais que vencedor. Não é um mar de rosas, nem uma brincadeira. É guerra, do começo ao fim. Do momento em que primeiro desembainha a espada ao momento em que se desfaz de sua armadura, o guerreiro cristão é obrigado a "suportar as dificuldades como um bom soldado".

Que equívoco muitos têm sobre a vida cristã! Quão pouco o membro comum da igreja aparenta saber do caráter do conflito e de suas demandas sobre ele! Quão ignorante parece estar a respeito dos inimigos que deve enfrentar no momento em que se compromete a servir a Deus fielmente e obter êxito em chegar ao céu e receber a coroa da vida! Parece pouco perceber que o mundo, a carne e o Diabo se oporão à sua marcha, e o derrotarão completamente, a menos que vigie constantemente e ore sem cessar.

O soldado cristão não luta contra carne e sangue, mas contra a perversidade espiritual nos lugares celestiais. Ou, como dizem as Escrituras, "forças espirituais do mal nas regiões celestiais" (Efésios 6.12). Que terrível exército de forças está firmado contra aquele que fará seu caminho no deserto deste mundo aos portais da cidade celestial! Não é surpresa, pois, encontrar Paulo — que entendia o caráter da vida cristã tão bem e que estava tão bem informado sobre a maldade e o número de inimigos que o discípulo do Senhor encontrará pela frente — clara e cuidadosamente instando o soldado a que se revestisse de toda a armadura de Deus e que orasse com toda oração e súplica no Espírito. Sábia, com grande sensatez, seria a presente geração se todos os mentores da nossa fé pudessem nos levar a perceber toda essa verdade importante e vital, que é absolutamente indispensável ao êxito da vida cristã.

É exatamente nesse ponto da vida cristã hoje que se encontram os maiores defeitos. Há pouco, ou nada, do elemento soldado em tudo isso. A disciplina, a renúncia, o espírito de privação, a determinação, tão proeminentes e pertencentes à vida militar, são, ao todo, amplamente desprovidas. Contudo, a vida cristã é uma *batalha*, até o fim.

Quão abrangentes, mordazes e notáveis são as orientações de Paulo para o soldado cristão, que está decidido a frustrar o Diabo e salvar sua alma! Primeiramente, deve possuir uma clara ideia do caráter da vida na qual adentrou. Em seguida, deve conhecer algo de seus inimigos — os adversários de sua alma imortal — suas forças, habilidades, maldade.

A NECESSIDADE DA ORAÇÃO

Conhecendo, portanto, algo sobre o caráter do inimigo, e percebendo a necessidade de preparação para vencê-lo, ele está preparado para ouvir a conclusão decisiva do apóstolo:

> Finalmente, fortaleçam-se no Senhor e no seu forte poder. Vistam toda a armadura de Deus, para poderem ficar firmes contra as ciladas do Diabo. [...] Por isso, vistam toda a armadura de Deus, para que possam resistir no dia mau e permanecer inabaláveis, depois de terem feito tudo (Efésios 6.10-11,13).

Todas essas direções se encerram em um ápice, que é a oração. Como pode o bravo soldado de Cristo se tornar ainda mais valente? Como pode o forte soldado se tornar mais forte? Como pode o soldado vitorioso se tornar mais vitorioso? Estas são as direções explícitas de Paulo para este fim: "Orem no Espírito em todas as ocasiões, com toda oração e súplica; tendo isso em mente, estejam atentos e perseverem na oração por todos os santos" (Efésios 6.18).

Oração, e mais oração, é o que reúne as qualidades de luta e as vitórias certeiras dos bons soldados de Deus. O poder da oração é mais forte no campo de batalha em meio ao ruído e à luta. Paulo era, acima de tudo, um soldado da cruz. Para ele, a vida não era um mar de rosas. Ele não era um soldado de desfiles

11. Oração e vigilância

e fantasias, cujo ofício era vestir um uniforme em determinadas ocasiões. Sua vida foi um intenso conflito, o enfrentamento de muitos adversários, o exercício da vigilância atenta e constante esforço. E no último ato — em vista do fim — o ouvimos entoar o cântico final da vitória — "Combati o bom combate" — e, lendo nas entrelinhas, vemos que ele é mais que vencedor!

Em sua epístola aos Romanos, Paulo indica a natureza da vida do soldado, dando-nos alguns aspectos do tipo de oração requisitada para tal carreira. Ele escreve: "Recomendo, irmãos, por nosso Senhor Jesus Cristo e pelo amor do Espírito, que se unam a mim em minha luta, orando a Deus em meu favor. Orem para que eu esteja livre dos descrentes da Judeia [...]" (15.30,31).

Paulo *tinha* inimigos na Judeia — que o atacaram e foram seus opositores na forma de "descrentes"; isso, adicionado a outros motivos significativos, levou-o a instar os cristãos romanos a se unirem em sua *luta*, "orando a Deus em seu favor". A frase "que se unam a mim em minha luta" indica empreender um grande esforço, lutar uma batalha. Esse é o tipo de esforço e o tipo de espírito que o soldado cristão deve possuir.

Eis um grande soldado, um general, em uma grande batalha, enfrentado por forças malignas que tentam destruí-lo. Suas forças estão à beira da exaustão. Com qual reforço ele pode contar? O que pode ajudá-lo a ser vitorioso em tamanha empresa? É um momento crítico do conflito. Que força pode ser adicionada ao poder de suas próprias orações? A resposta é: as orações de outros, até mesmo a de seus irmãos em Roma. Para o apóstolo, esses irmãos lhe trarão auxílio para vencer a batalha, triunfar sobre os adversários e, por fim, prevalecer.

O soldado cristão deve orar em todas as ocasiões e circunstâncias. Suas orações devem ser feitas em tempos de paz e tempos de conflito. A oração deve ser uma arma à disposição tanto enquanto está marchando como enquanto luta. Deve propagar todo esforço, correr todos os riscos, decidir todas as questões. O soldado cristão deve ser tão intenso em oração quanto em sua luta, pois a vitória dependerá muito mais de suas orações do que de sua luta. À oração de fé deve ser acrescentada a oração resoluta; orações e súplicas devem complementar a armadura de Deus. O Espírito Santo deve auxiliar a súplica com seu próprio apelo. E o soldado deve orar no Espírito. Nessa, e em outras formas de batalha, a vigilância eterna é o preço da vitória; portanto, a vigilância e a perseverança devem marcar cada atividade do soldado cristão.

A oração do soldado deve refletir sua profunda preocupação pelo sucesso e bem-estar de todo o exército.

11. Oração e vigilância

A batalha não é de forma alguma um assunto pessoal; a vitória não pode ser alcançada como um fim em si mesma. Há um sentido, no qual todo o exército de Cristo está envolvido. A causa de Deus, seus santos, suas aflições e provações, tarefas e cruz devem encontrar uma voz e um advogado no soldado cristão quando ele ora. Ele não se atreve a limitar sua oração para si mesmo. Nada seca as fontes espirituais tão certa e completamente; nada envenena o manancial da vida espiritual de forma tão eficaz; nada age de forma tão mortal quanto a oração egoísta.

Observe-se cuidadosamente que a armadura do cristão não o beneficiará em nada, a não ser que a oração seja adicionada. Esse é o eixo, o ponto de conexão da armadura de Deus; o que a mantém unida e a torna eficaz. O verdadeiro soldado de Deus planeja sua luta, organiza suas forças de batalha e conduz seus conflitos com oração. É de extrema importância e essencial para a vitória que a oração preencha a vida, a ponto de que cada respiro seja uma petição, e cada suspiro uma súplica. O soldado cristão deve lutar sempre. Deve, por pura necessidade, orar sempre.

O soldado cristão é impelido a vigiar constantemente. Deve sempre estar de guarda. É desafiado por um inimigo que nunca dorme, que está sempre alerta e preparado para se aproveitar dos espólios da guerra. Portanto, a vigilância é um princípio básico na vida do guerreiro de Cristo; "vigiar e orar" sempre ecoando em seus ouvidos. Ele não pode ousar adormecer em seu posto. Tal descuido lhe traz não apenas o descontentamento do Capitão de sua salvação, mas o expõe a perigo adicional. A vigilância, portanto, é uma tarefa do soldado do Senhor.

No Novo Testamento, há três palavras diferentes que são traduzidas por "vigiar". A primeira significa "ausência de sono" e sugere um estado de espírito insone, oposto ao apático; uma ordem para se manter acordado, cauteloso, atento, constante, vigilante. A segunda palavra significa "plenamente acordado" — um estado induzido por um grande esforço, uma habilidade despertada para atenção, interesse, atividade e cautela; caso contrário, uma calamidade destrutiva se desenvolveria repentinamente, por causa do descuido e da indolência. A terceira palavra significa "estar calmo e sereno em espírito", tranquilo, alheio ao sono ou a qualquer influência obscura, uma cautela contra toda cilada e engano.

Todas as três definições são usadas por Paulo. Duas delas são empregadas em conexão com a oração. A vigilância intensificada é um requisito à oração. A vigilância deve guardar e cobrir o homem espiritual como um todo e adequá-lo para a oração. Tudo que se assemelha a despreparo e falta de vigilância significa morte da oração.

11. Oração e vigilância **121**

Em Efésios, Paulo ressalta o dever da vigilância constante: "[...] estejam atentos e perseverem na oração por todos os santos" (6.18). Estejam atentos, diz ele, vigiem, VIGIEM! " 'O que digo a vocês, digo a todos: Vigiem!' " (Marcos 13.37).

Vigilância intensa é o preço que se deve pagar para a vitória sobre os inimigos espirituais. É certo que o Diabo nunca cochila. Ele está sempre "anda[ndo] ao redor, como leão, rugindo e procurando a quem possa devorar" (1Pedro 5.8). Assim como o pastor de ovelhas nunca deve estar descuidado e desatento, para que o lobo não devore sua ovelha, assim o soldado cristão deve sempre estar com seus olhos bem abertos, demonstrando ter um espírito que não adormece nem se descuida. As companhias inseparáveis da oração são a vigilância, o cuidado e a sentinela posicionada. Ao escrever aos colossenses, Paulo agrupa estas qualidades inseparáveis: "Dediquem-se à oração", ordena, "estejam alerta e sejam agradecidos" (4.2).

Quando os cristãos aprenderão de verdade a dupla lição de que são chamados para uma grande batalha e que, para obter a vitória, devem se render à constante vigilância e incessante oração? "Estejam alerta e vigiem", diz Pedro, "O Diabo, o inimigo de vocês, anda ao redor como leão, rugindo e procurando a quem possa devorar" (1Pedro 5.8).

A igreja de Deus é uma tropa de militantes. Sua batalha se dá com forças invisíveis do mal. O povo de Deus compõe um exército que luta para estabelecer o Reino do Senhor na terra. Seu objetivo é destruir a soberania de Satanás e, sobre sua ruína, erigir o Reino de Deus, que é "justiça, paz e alegria no Espírito Santo" (Romanos 14.17). Esse exército militante é composto de soldados individuais da cruz, que se revestem da armadura de Deus para sua defesa. A oração deve ser aplicada como aquilo que coroa o todo. "Permaneça, então, em seu grande poder; revestido com toda a sua força; mas tome, para se armar para a luta, a armadura de Deus."

A oração é simples demais, uma tarefa de extrema evidência que dispensa definição. A necessidade dá existência e forma à oração. Sua importância é tão absoluta que a vida do soldado cristão, em todo o seu espaço e intensidade, deveria ser uma vida de oração. Toda a vida de um soldado cristão — sua natureza, intenção, implicação e ação — depende de ser uma vida de oração. Sem oração — não importa o que ele tenha —, a vida do soldado cristão será débil e ineficaz e o torna uma presa fácil para seus inimigos espirituais.

A experiência e influência cristãs serão secas e áridas, a menos que a oração tenha um lugar elevado na vida. Sem oração, as graças cristãs murcharão e morrerão.

Sem oração, podemos acrescentar, a pregação será obtusa e vã, e o evangelho perde suas asas e força motriz. Cristo é o legislador da oração, e Paulo é o apóstolo da oração. Ambos declaram a primazia e importância da oração e demonstram o fato de sua indispensabilidade. Suas instruções sobre oração cobrem todos os lugares, incluem todas as eras e compreendem todas as coisas. Como, então, o soldado cristão pode esperar ou sonhar com a vitória, a menos que seja fortificado pelo poder da oração? Como pode falhar se, além de vestir a armadura de Deus, estiver, em todo tempo e ocasião, vigiando em oração?

12. A ORAÇÃO E A PALAVRA DE DEUS

> Como é frequente encontrarmos nas Escrituras palavras como "campo, "semente, "celeiro", "semeadura", "colheita"! O emprego dessas metáforas interpreta um fato da natureza por meio de uma parábola da graça. O campo é o mundo, e a boa semente é a Palavra de Deus. Quer a Palavra pronunciada quer escrita, é o poder de Deus para a salvação. No nosso trabalho de evangelismo, o mundo inteiro é o campo, cada criatura é o objeto de esforço, e cada livro ou folheto, uma semente de Deus.
>
> David Faint Jr.

A Palavra de Deus é um registro de oração — de homens de oração e suas conquistas, da garantia divina da oração e do encorajamento dado aos que oram. Ninguém pode ler ilustrações, mandamentos, exemplos, declarações variadas no que se refere a si mesmo com a oração sem perceber que a causa de Deus e o sucesso da obra dele neste mundo estão vinculados à oração; que os homens de oração são o braço direito de Deus neste mundo e que homens que não oram nunca foram usados por ele.

A reverência pelo santo nome de Deus está intimamente relacionada a um elevado respeito por sua Palavra. Essa veneração do nome de Deus, a habilidade de fazer sua vontade aqui na terra como no céu

12. A oração e a Palavra de Deus 125

e o estabelecimento e glória do Reino de Deus estão tão envolvidos na oração quanto estavam quando Jesus ensinou aos homens a oração universal. Que os homens "devem orar sempre e nunca desanimar" é tão fundamental à causa de Deus hoje quanto foi quando Jesus Cristo consagrou outra grande verdade no quadro imortal da parábola da viúva persistente.

Assim como a casa de Deus é chamada de "casa de oração", pois a oração é o mais importante dos ofícios, assim, pela mesma simbologia, a Bíblia pode ser chamada de Livro de Oração. A oração é o grande tema e conteúdo de sua mensagem à humanidade.

A Palavra de Deus é a base e o catálogo da oração da fé. "Habite ricamente em vocês a palavra de Cristo", diz Paulo, "ensinem e aconselhem-se uns aos outros com toda a sabedoria e cantem salmos, hinos e cânticos espirituais com gratidão a Deus em seu coração" (Colossenses 3.16).

Quando essa palavra de Cristo habita em nós ricamente, é transmutada e assimilada, à medida que é inserida na oração. A fé é construída da Palavra e do Espírito e é o corpo e substância da oração.

Em muitos de seus aspectos, a oração é dependente da Palavra de Deus. Jesus diz: " 'Se vocês permanecerem em mim, e as minhas palavras permanecerem em vocês, pedirão o que quiserem, e será concedido' " (João 15.7).

A Palavra de Deus é o sustentáculo no qual a alavanca da oração está apoiada e pelo qual as coisas são movidas poderosamente. Deus comprometeu a si próprio, seu propósito e sua promessa com a oração. Sua Palavra torna-se a base, a inspiração da nossa oração, e há circunstâncias pelas quais, pela oração persistente, obtemos um acréscimo ou ampliação de suas promessas. Diz-se dos antigos santos que "mediante a fé obtiveram as promessas". Parece que há na oração a capacidade de ir além da Palavra, ou além da promessa de Deus, até chegar à própria presença do Pai.

Jacó lutou menos com a promessa e muito mais com o Deus que promete. Devemos nos apossar daquele que promete, para que a promessa não se torne vã. A oração pode ser bem definida como a força que vitaliza e energiza a Palavra de Deus ao se apossar do próprio Deus. Ao se apossar daquele que prometeu, a oração emite novamente a promessa e a faz algo pessoal. "Não há ninguém que clame pelo teu nome, que se anime a apegar-se a ti", conclui o profeta (Isaías 64.7). Busquem o meu refúgio e façam as pazes comigo (v. 27.5) é a receita de Deus para a oração.

Pela garantia bíblica, a oração pode ser dividida entre petição de fé e a submissão. A oração da fé baseia-se na Palavra escrita, pois "a fé vem por se ouvir a mensagem, e a mensagem é ouvida mediante a palavra de Cristo" (Romanos 10.17). Recebe sua

12. A oração e a Palavra de Deus

resposta inevitavelmente — exatamente o objeto da oração.

A oração de submissão não possui uma promessa definida, por assim dizer, mas se apossa de Deus com um espírito humilde e contrito; pede e apela a ele, por aquilo que deseja a alma. Abraão não tinha nenhuma promessa definida de que Deus pouparia Sodoma. Moisés não possuía nenhuma promessa definida de que Deus pouparia Israel; pelo contrário, havia uma declaração de sua ira e de seu propósito em destruir. Mas o líder dedicado ganhou sua causa com Deus, quando intercedeu pelos israelitas com oração incessante e muitas lágrimas. Daniel não possuía nenhuma promessa de que Deus lhe revelaria o significado do sonho do rei, mas orou especificamente por isso, e Deus lhe respondeu especificamente.

A Palavra de Deus torna-se prática e eficaz pelo processo e exercício da oração. A palavra do Senhor veio a Elias: "[...] 'Vá apresentar-se a Acabe, pois enviarei chuva sobre a terra' " (1Reis 18.1). Elias se apresentou a Acabe, mas a resposta a sua oração não veio, até que orou fervorosamente ao Senhor sete vezes.

Paulo tinha a promessa definida de Cristo de que seria resgatado dos povos e gentios, mas o encontramos exortando os romanos sobre esse assunto de forma urgente e séria:

"Recomendo, irmãos, por nosso Senhor Jesus Cristo e pelo amor do Espírito, que se unam a mim em minha luta, orando a Deus em meu favor. Orem para que eu esteja livre dos descrentes da Judeia e que o meu serviço em Jerusalém seja aceitável aos santos" (Romanos 15.30,31).

A Palavra de Deus é de grande auxílio à oração. Se for implantada e impressa no nosso coração, formará uma corrente transbordante de oração, plena e irresistível. Promessas, guardadas no coração, serão o combustível pelo qual a oração recebe vida e calor, assim como o carvão, armazenado na terra, é usado para nosso conforto nos dias de tempestade e noites de inverno. A Palavra de Deus é o alimento pelo qual a oração é nutrida e fortalecida. A oração, assim como o homem, não pode viver apenas de pão, " 'mas de toda palavra que procede da boca de Deus' " (Mateus 4.4).

A menos que as forças da oração sejam supridas pela Palavra de Deus, a súplica, embora sincera e vociferante em sua urgência, é, na verdade, flácida, monótona e vazia. A ausência de força vital na oração pode ser explicada pela ausência de um constante fornecimento da Palavra de Deus, a fim de reparar a ruína e renovar a vida. Aquele que quer aprender a orar bem, deve primeiramente estudar a Palavra de Deus e guardá-la em sua memória e pensamento.

12. A oração e a Palavra de Deus 129

Quando consultamos a Palavra de Deus, vemos que não há tarefa mais obrigatória e exigida que a oração. Por outro lado, descobrimos que não há privilégio e hábito mais exaltado por Deus. Nenhuma promessa é mais radiante, abundante, explícita e reiterada dos que as atreladas à oração. "Todas as coisas" são recebidas pela oração, pois "todas as coisas" são prometidas. Não há limites ou exceções para as provisões inclusas nas promessas ligadas à oração. "E eu farei o que vocês pedirem [...]". A Palavra do nosso Senhor é para este amplo efeito: " 'O que vocês pedirem em meu nome, eu farei' " (João 14.13,14).

Aqui estão algumas das mais abrangentes e exaustivas declarações da Palavra de Deus sobre oração, sobre o que orar e da forte promessa feita em resposta à oração: "Orem continuamente"; "Dediquem-se à oração"; "Perseverem na oração"; "Em tudo, pela oração e súplicas, apresentem seus pedidos a Deus"; "orem sempre sem nunca desanimar", "Que os homens orem em todo lugar"; "Orem no Espírito em todas as ocasiões, com toda oração e súplica".

Que declarações claras e fortes as que constam nos registros divinos, cujo objetivo é fornecer-nos sólida base de fé, instar-nos e encorajar-nos a orar! Quão amplo é o alcance da oração que nos dá a revelação divina! Como essas passagens nos incitam a buscar a Deus em oração, com todas as nossas necessidades e fardos!

Além das declarações registradas para nosso encorajamento, as páginas sagradas têm muitos fatos, exemplos, ilustrações e observações que ressaltam a importância e a necessidade total da oração, enfatizando seu poder inquestionável.

O alcance máximo e pleno benefício das ricas promessas da Palavra de Deus devem ser humildemente recebidos e postos à prova. O mundo nunca receberá o pleno benefício do evangelho até que isso seja feito. Nem a experiência e vida cristã serão o que devem ser até que as promessas divinas sejam totalmente testadas por aqueles que oram. Pela oração, trazemos as promessas da santa vontade de Deus para o presente e para nossa realidade. A oração é a pedra filosofal que transforma as promessas em ouro.

Se nos perguntarmos o que deve ser feito para que as promessas de Deus sejam cumpridas, a resposta é: devemos orar, até que as palavras da promessa estejam revestidas com as ricas vestes da realização.

As promessas de Deus são grandes demais para serem controladas por orações desconexas. Quando nos examinamos, geralmente descobrimos que nossa oração não se eleva às demandas da situação; é tão limitada que se torna pouco mais que um mero oásis em meio ao desperdício e deserto do pecado do mundo. Quem de nós, na oração, corresponde a esta promessa do nosso Senhor: " 'Digo a verdade:

12. A oração e a Palavra de Deus

Aquele que crê em mim fará também as obras que tenho realizado. Fará coisas ainda maiores do que estas, porque eu estou indo para o Pai' " (João 14.12).

Quão ampla, vasta e extensa! Quanto temos aqui, para a glória de Deus e pelo bem dos homens! Quanto da manifestação do poder entronizado de Cristo, da recompensa da fé abundante! E quão grandes e graciosos os resultados que derivam da oração adequada e fiel!

Olhe, por um momento, para outra grande promessa de Deus e descubra como podemos ser firmados pela Palavra de Deus quando oramos e no firme solo em que permanecemos quando fazemos nossas petições ao Senhor: "Se vocês permanecerem em mim, e as minhas palavras permanecerem em vocês, pedirão o que quiserem, e será concedido" (João 15.7).

Nessas abrangentes palavras, Deus se volta à vontade de seu povo. Quando Cristo se torna nosso maior afeto, a oração põe os tesouros de Deus sob nossos pés. O cristianismo primitivo tinha uma solução fácil e prática para a situação e obteve tudo que Deus tinha para dar. Tal solução simples e concisa é registrada na primeira epístola de João: "e recebemos dele tudo o que pedimos, porque obedecemos aos seus mandamentos e fazemos o que lhe agrada" (1João 3.22).

Oração, combinada com terna obediência, é o caminho para pôr Deus à prova e fazer a oração responder a todas as coisas e fins. Oração, unida à Palavra de Deus, consagra e santifica todas as dádivas de Deus. Oração não é para simplesmente obter coisas de Deus, mas para fazer santo aquilo que já foi recebido do Senhor. Não é meramente a obtenção de uma bênção, mas também ser capaz de abençoar. Oração faz as coisas comuns santas, e as seculares, sagradas. Recebe as coisas de Deus com ação de graças e as consagra com coração agradecido e devoto serviço.

Na primeira epístola a Timóteo, Paulo diz: "Pois tudo o que Deus criou é bom, e nada deve ser rejeitado, se for recebido com ação de graças" (4.4).

Tal declaração refuta o mero ascetismo. As dádivas de Deus são santas, não apenas pelo poder criativo de Deus, mas também por serem santificadas para nós pela oração. Nós as recebemos, as obtemos e as santificamos pela oração.

Fazer a vontade de Deus e ter sua Palavra habitando em nós é vital para a oração eficaz. Mas, pode se perguntar, como saberemos o que é a vontade de Deus? A resposta é: estudando-se a Palavra, mantendo-a no coração e deixando-a habitar em nós ricamente. "A explicação das tuas palavras ilumina [...]" (Salmos 119.130).

Para conhecer a vontade de Deus em oração, devemos estar cheios do Espírito de Deus, que intercede pelos santos, de acordo com a vontade de Deus.

12. A oração e a Palavra de Deus   133

Estar cheio do Espírito e da Palavra de Deus é conhecer sua vontade. É dispor-se em tal estado de espírito e coração que nos habilita a ler e interpretar corretamente os propósitos do Infinito. Tal preenchimento do coração, com a Palavra e com o Espírito, nos faz compreender a vontade de Deus, capacita-nos a discernir corretamente seu propósito e nos dá disposição de mente e coração para fazer disso o guia e bússola da nossa vida.

Epafras orou para que os colossenses pudessem permanecer "cheios do pleno conhecimento da vontade de Deus". Essa é a prova positiva de que, não apenas conhecemos a vontade de Deus, como também conhecemos toda a sua vontade. Não apenas a conhecemos, como também a *executamos*. Faremos toda a sua vontade não ocasionalmente ou por mero impulso, mas por um hábito de conduta já estabelecido. Mais adiante, vemos que fazemos a vontade de Deus não apenas externamente, mas de coração, em alegria, sem relutância ou secreta indisposição, nem nenhum recuo da presença íntima do Senhor.

13. A ORAÇÃO E A PALAVRA DE DEUS
(CONTINUAÇÃO)

> Anos atrás, certo homem estava viajando nas regiões selvagens do Kentucky. Tinha consigo uma grande quantia de dinheiro e estava bem armado. Hospedou-se em uma pousada uma noite, mas estava preocupado com a aparência rude dos homens que entravam e saíam da pousada. Deitou cedo, mas não para dormir. À meia-noite, ouviu os cachorros latirem furiosamente e o ruído de alguém entrando na pousada. Espiando por uma fresta entre as tábuas de seu quarto, viu um estranho com uma arma na mão. Outro homem estava sentado próximo à fogueira. O viajante concluiu que planejavam roubá-lo e preparou-se para defender-se e a seus bens. Instantes depois, o recém-chegado tirou um exemplar da Bíblia, leu um capítulo em voz alta, ajoelhou-se e orou. O viajante dispersou seus medos, guardou o revólver e deitou para dormir calmamente até o amanhecer. Tudo porque havia uma Bíblia na pousada, e seu dono era um homem de oração.
>
> REVERENDO F. F. SHOUP

A ORAÇÃO TEM TUDO a ver com o sucesso da pregação da Palavra. Paulo claramente ensina sobre o tema no conhecido e insistente pedido feito aos tessalonicenses: "Finalmente, irmãos, orem por nós, para que a

13. A oração e a Palavra de Deus (continuação) 135

palavra do Senhor se propague rapidamente e receba a honra merecida, como aconteceu entre vocês" (2Tessalonicenses 3.1).

A oração abre o caminho para a Palavra de Deus prosseguir sem obstáculos ou impedimentos e cria uma atmosfera favorável à execução de seu propósito. A oração põe rodas sob a Palavra de Deus e dá asas ao anjo do Senhor, o qual "tinha na mão o evangelho eterno para proclamar aos que habitam na terra, a toda nação, tribo, língua e povo" (Apocalipse 14.6). A oração é de grande auxílio à Palavra do Senhor.

A parábola do semeador é um notório estudo sobre pregação, mostrando seus diferentes efeitos e descrevendo a diversidade dos ouvintes. São muitos os ouvintes à beira do caminho. O solo está todo despreparado, seja por falta de prévia meditação, seja por falta de oração; como consequência, o Diabo facilmente arrebata a semente (que é a Palavra de Deus) e, dissipando toda boa impressão, torna inútil o trabalho do semeador. Ninguém acredita por um momento que muito do semear hoje em dia se frutificaria se os ouvintes preparassem o solo do coração com antecedência por meio da oração e da meditação.

Da mesma forma se dá com os ouvintes de solo pedregoso e espinhoso. Embora a palavra se aloje no coração deles e comece a brotar, tudo se perde, principalmente por não ser acompanhada de oração, vigilância e cultivo. Os ouvintes férteis são beneficiados pela semeadura, simplesmente porque a mente foi preparada para o recebimento da semente, e, depois de ouvir, cultivam a semente lançada em seu coração pelo exercício da oração. Tudo isso dá ênfase peculiar à conclusão dessa notável parábola: " 'Quem tem ouvidos para ouvir, ouça' ". Para ser capaz de ouvir, é preciso entregar-se continuamente à oração.

Temos de crer que a base da Palavra de Deus é a oração, e dela dependerá seu sucesso. O livro de Isaías diz: " 'assim também ocorre com a palavra que sai da minha boca: ela não voltará para mim vazia, mas fará o que desejo e atingirá o propósito para o qual a enviei' " (55.11).

Em Salmos 19, Davi exalta a Palavra de Deus em seis declarações a seu respeito. Tal Palavra converte a alma, faz simples o sábio, alegra o coração, ilumina os olhos, permanece eternamente, é verdadeira e justa. A Palavra de Deus é perfeita, infalível, correta, pura. É reflexiva e purificadora ao mesmo tempo em seu efeito. Não é surpresa, portanto, que o salmista encerre sua dissertação com tal passagem, após considerar a profunda espiritualidade da Palavra de Deus e seu poder para penetrar a natureza interior do homem:

Quem pode discernir os próprios erros? Absolve-me dos que desconheço! Também guarda o teu servo dos pecados intencionais; que eles não me dominem! Então serei íntegro, inocente de grande transgressão. Que as palavras da minha boca e a meditação do meu coração sejam agradáveis a ti, Senhor, minha Rocha e meu Resgatador! (v. 12-14).

Tiago reconhece a profunda espiritualidade da Palavra e seu poder salvador inerente na seguinte exortação: "Portanto, livrem-se de toda impureza moral e da maldade que prevalece e aceitem humildemente a palavra implantada em vocês, a qual é poderosa para salvá-los" (1.21).

Pedro, por sua vez, discorre na mesma direção, ao descrever o poder salvador da Palavra de Deus: "Vocês foram regenerados, não de uma semente perecível, mas imperecível, por meio da palavra de Deus, viva e permanente" (1Pedro 1.23).

Não apenas Pedro fala sobre nascer de novo, pela incorruptível Palavra de Deus, mas também nos informa que para crescer na graça devemos ser como recém-nascidos, desejando ou se alimentando do "sincero leite da Palavra".

Isso não significa que a mera forma das palavras mencionadas na Bíblia possui em si mesma alguma eficácia para salvar. Mas sim que a Palavra de Deus está impregnada com o Espírito Santo. E, assim como há um elemento divino nas palavras das Escrituras, esse mesmo elemento divino é encontrado em toda verdadeira pregação da Palavra, a qual é capaz de salvar e converter a alma.

A oração gera invariavelmente amor pela Palavra de Deus e faz que as pessoas a leiam. A oração leva as pessoas a obedecer à Palavra de Deus e põe no coração obediente uma alegria indescritível. Pessoas que oram e pessoas que leem a Bíblia são o mesmo tipo de povo. O Deus da Bíblia e o Deus da oração são um. Deus fala com o homem na Bíblia; o homem fala com Deus na oração. Um lê a Bíblia para descobrir a vontade de Deus; ora para receber o poder para executar tal vontade. Ler a Bíblia e orar são os traços que distinguem os que se esforçam para conhecer e agradar a Deus. Assim como a oração gera amor pelas Escrituras e leva o homem a ler a Bíblia, da mesma forma a oração faz que homens e mulheres visitem a casa de Deus para ouvir a exposição das Escrituras. O ir à igreja está intimamente relacionado com a Bíblia não por nos alertar contra deixar "de reunir-nos como igreja, segundo o costume de alguns", mas porque, na casa de Deus, o ministro escolhido pelo Senhor declara sua Palavra a homens moribundos, explana as Escrituras e aplica seus ensinamentos aos ouvintes. E a oração gera uma resolução naqueles que a praticam para que não abandonem a casa de Deus.

13. A oração e a Palavra de Deus (continuação) **139**

A oração gera uma consciência de ir à igreja, um coração que a ama e um espírito que a apoia. São os que oram que tratam o comparecimento à pregação da Palavra uma questão de consciência, deleitando-se em sua leitura e exposição; que a mantêm com sua influência e meios. A oração exalta a Palavra de Deus e dá a ela preeminência na estima dos que clamam o nome do Senhor fielmente e de coração íntegro.

A oração extrai vida da Bíblia e não possui base fora do âmbito das Escrituras. Sua existência e caráter dependem da revelação feita por Deus ao homem em sua Santa Palavra. A natureza, a necessidade e a compreensão da oração baseiam-se na Palavra de Deus.

O salmo 119 é um catálogo da Palavra de Deus. Com três ou quatro exceções, cada versículo contém uma palavra que identifica ou localiza a Palavra de Deus. Com frequência, o escritor irrompe em súplica, orando diversas vezes: "[...] Ensina-me os teus decretos" (v. 12). Está tão impressionado com as maravilhas da Palavra de Deus e da necessidade da iluminação divina por meio da qual pode ver e entender as maravilhas registradas ali que ora com ímpeto: "Abre os meus olhos para que eu veja as maravilhas da tua lei" (v. 18).

Do começo ao fim desse magnífico salmo, a oração e a Palavra de Deus estão entrelaçadas.

Praticamente cada estágio da Palavra é considerado pelo escritor. O salmista inspirado estava tão convencido do profundo poder espiritual da Palavra de Deus que faz a declaração: "Guardei no coração a tua palavra para não pecar contra ti" (v. 11).

Aqui o salmista encontrou sua proteção contra o pecado. Ao ter a Palavra de Deus guardada em seu coração; ao ter todo seu ser completamente tomado com tal Palavra; ao se apropriar completamente de sua influência benigna e graciosa, foi capaz de andar pela terra salvo do ataque do Diabo e fortalecido contra a inclinação de se desviar do caminho.

Encontramos, adiante, o poder da oração criando amor real pelas Escrituras e pondo nos homens uma natureza que se deleitará na Palavra. Em êxtase, clama: "Como eu amo a tua lei! Medito nela o dia inteiro" (v. 97). E novamente: "Como são doces para o meu paladar as tuas palavras! Mais que o mel para a minha boca!" (v. 103).

Teríamos prazer na Palavra de Deus? Então, que nos entreguemos continuamente à oração. Quem tem coração para ler a Bíblia não deve — nem se atrever — se esquecer de orar. Aquele de quem se pode dizer "seu prazer está na lei do Senhor" é quem pode dizer "Tenho prazer em visitar o lugar de oração". Todo homem que ama a Bíblia ama orar. Todo aquele que ama orar se deleita na lei do Senhor.

Nosso Senhor foi homem de oração e exaltou a Palavra de Deus, recitando muitas vezes as Escrituras. Desde sua infância Jesus observava a guarda do sábado, ia à sinagoga e lia a Palavra de Deus; ele tinha a oração interligada a cada uma das observâncias: "Ele foi a Nazaré, onde havia sido criado e no dia de sábado entrou na sinagoga, como era seu costume. E levantou-se para ler" (Lucas 4.16).

Devemos dizer que não há coisas mais essenciais à vida cheia do Espírito que ler a Bíblia e orar; nada é mais útil para crescer na graça, obter a maior alegria da vida cristã, com relação a se estabelecer nos caminhos da paz eterna. A negligência dessas importantes tarefas prefigura o atrofiamento da alma, a perda da alegria, a ausência de paz, a aridez de espírito e a decadência em tudo que se relaciona à vida espiritual. Negligenciar tais coisas pavimenta o caminho para a apostasia e dá ao Diabo uma vantagem que ele não ignorará. Ler regularmente a Palavra de Deus e orar habitualmente no lugar secreto do Altíssimo inserem o homem onde há absoluta segurança dos ataques dos inimigos da alma, garantindo-lhe salvação e vitória final, por meio do poder triunfante do Cordeiro.

14. A ORAÇÃO E A CASA DE DEUS

"Que precioso para mim o alto 'Amém', que ecoa
pela bendita casa — que se intensifica, diminui e
se intensifica novamente, morrendo nas paredes
— mas vive com Deus!"

A ORAÇÃO ESTÁ RELACIONADA a lugares, tempos, ocasiões e circunstâncias. Tem a ver com Deus, com tudo que é relacionado ao Senhor e tem íntima e especial relação com sua casa. A igreja é um local sagrado, separado de todo uso secular e profano para adoração a Deus. Assim como a adoração é oração, a casa de Deus é um local separado para adoração. Não é um lugar comum; é onde Deus habita, onde ele tem um encontro com seu povo e se deleita no louvor de seus santos.

A oração sempre tem lugar na casa de Deus. Quando a oração é estranha ali, então cessa de ser a casa de Deus. Nosso Senhor dá ênfase peculiar ao que é a igreja quando expulsou os compradores e vendedores do templo, repetindo as palavras de Isaías: "[...] 'Está escrito: 'A minha casa será chamada casa de oração' [...]" (Mateus 21.13). Jesus faz a oração algo preeminente, que permanece acima de todo o restante na casa de Deus. Os que marginalizam ou

14. A oração e a casa de Deus 143

buscam minimizar a oração, deixando-a em segundo lugar, pervertem a igreja de Deus, e tornam-na inferior ao que é ordenada a ser.

A oração está perfeitamente em casa no templo de Deus. Não é estranha nem mera hóspede; pertence a esse espaço. Tem uma afinidade peculiar ao local, além de ter direito divino ali, sendo estabelecida por designação e aprovação divinas.

O lugar secreto de oração é sagrado para adoração individual. A casa de Deus é um local santo para adoração conjunta. A oração em secreto é individual. A casa de Deus é para oração mútua, em conjunto e unida. Contudo, mesmo na casa de Deus, há lugar para adoração individual, pois o povo de Deus deve orar e adorá-lo pessoalmente, mesmo em adoração conjunta. A igreja é para a oração conjunta de uma família, embora de cristãos individuais.

A vida, o poder e a glória da igreja é a oração. A vida de seus membros depende da oração, e a presença de Deus é assegurada e retida pela oração. O próprio lugar é santificado por seus ministros. Sem isso, a igreja está morta e impotente. Sem oração, a construção em si não é nada mais que qualquer outra. A oração converte até os tijolos, a argamassa e a madeira em um santuário, um Santo dos Santos, onde habita a *Shekinah*. A oração separa o local, em espírito e propósito, de qualquer outro edifício.

A oração dá uma peculiar sacralidade ao lugar, santificando-o, separando-o para Deus, conservando-o de todos os afazeres comuns e profanos.

Com a oração, embora na casa de Deus possam faltar outras coisas, o lugar torna-se um santuário divino, assim como o tabernáculo, que se movia de um lugar a outro, tornou-se o Santo dos Santos, pois a oração estava ali. Sem oração, o prédio pode ser caro, perfeito em todos os detalhes, bonito para a situação e atrativo aos olhos, mas se rebaixa ao humano, com nada de divino ali, no mesmo nível que outras construções.

Sem oração, a igreja é como um corpo sem espírito; algo morto e inanimado. Uma igreja com oração tem Deus em si. Quando a oração é deixada de lado, Deus é banido. Quando se torna um exercício desconhecido, então o próprio Deus é desconhecido ali.

Uma vez que casa de Deus é casa de oração, a intenção divina é que as pessoas deixem seus lares e se dirijam para encontrá-lo em sua própria casa. A construção é separada especialmente para oração, e, pelo fato de Deus ter feito uma promessa especial de encontrar seu povo ali, é dever do povo ir até a igreja para esse fim específico. A oração deveria ser a atração principal para todos os que frequentam a igreja. Embora se admita que a pregação da Palavra tem um importante papel na casa de Deus, contudo a oração é seu aspecto predominante e distinto. Não que os outros lugares sejam pecaminosos em si ou em sua utilização. Mas são seculares e humanos, não tendo nenhuma concepção especial de Deus. A igreja é essencialmente santa e divina. O trabalho feito em outros locais é realizado sem referência especial a Deus. Deus não é especificamente reconhecido ou clamado. Contudo, na igreja Deus é reconhecido, e nada se faz sem ele. A oração é a marca distinta da casa de Deus. Assim como a oração distingue cristãos de pagãos, também distingue a casa de Deus de outras. É um local onde cristãos fiéis encontram seu Senhor.

Por causa da casa de Deus ser preeminentemente uma casa de oração, esta deve se estabelecer e ser a base de tudo o que ali é realizado. A oração pertence a todo tipo de obra relacionada à Igreja de Deus. Por a casa de Deus ser um local onde a oração é levada adiante, assim também é o local onde pessoas que não oram passam a orar. A casa de Deus é uma oficina e lá o trabalho da oração acontece. Ou também a casa de Deus é uma escola divina, na qual é ensinada a lição da oração, onde homens e mulheres aprendem a orar e se graduam na escola da oração.

Qualquer igreja que se denomina casa de Deus e falha ao não exaltar a oração, que não prioriza a oração em suas atividades, que não ensina a grande lição da oração, deve mudar seu ensinamento e se conformar com o padrão divino, ou mudar o nome do local para qualquer outro, menos casa de oração.

Em páginas anteriores, fizemos referência à descoberta do Livro da Lei do Senhor dado a Moisés. Não sabemos quanto tempo aquele livro estava ali. Mas, quando as notícias de sua descoberta foram levadas a Josias, ele rasgou suas vestes e ficou muito perturbado. Lamentou a negligência à Palavra de Deus e viu, como resultado natural, a iniquidade que se espalhava por toda a terra.

Então, Josias pensou no Senhor e ordenou a Hilquias, o sacerdote, que consultasse o Senhor. Tal negligência à Palavra da Lei era demasiadamente séria para ser tratada de forma simples; Deus deveria ser consultado e ver arrependimento por parte do rei e da nação:

> "Vão consultar o Senhor por mim e pelo remanescente de Israel e de Judá acerca do que está escrito neste livro que foi encontrado. A ira do Senhor contra nós deve ser grande, pois os nossos antepassados não obedeceram à palavra do Senhor e não agiram de acordo com tudo o que está escrito neste livro" (2Crônicas 34.21).

Isso, porém, não era tudo. Josias estava decidido a promover um avivamento da religião em seu reino, por isso o encontramos reunindo os anciãos de Jerusalém

14. A oração e a casa de Deus

e Judá para esse propósito. Quando se reuniram, o rei foi à casa do Senhor e ele mesmo leu todas as palavras do Livro da Aliança que fora ali encontrado.

Para esse justo rei, a Palavra de Deus era de grande importância. Estimava seu devido valor e considerava o conhecimento do livro algo de extrema importância, bem como o dever de consultar a Deus em oração sobre isso e de garantir a reunião dos nobres de seu reino, para que, juntos, fossem instruídos no Livro de Deus sobre a Lei do Senhor.

Quando Esdras, ao retornar da Babilônia, buscava reconstruir a nação, o povo participou ativamente da situação, e, em certa ocasião, os sacerdotes, levitas e todo o povo se reuniram como um só homem diante da porta das Águas.

[...] Pediram ao escriba Esdras que trouxesse o Livro da Lei de Moisés, que o Senhor dera a Israel. Assim, no primeiro dia do sétimo mês, o sacerdote Esdras trouxe a Lei diante da assembleia, que era constituída de homens e mulheres e de todos os que podiam entender. Ele a leu em alta voz desde o raiar da manhã até o meio-dia, de frente para a praça, em frente da porta das Águas, na presença dos homens, mulheres e de outros que podiam entender. E todo o povo ouvia com atenção a leitura do Livro da Lei. (Neemias 8.1-3)

Assim foi o dia da leitura da Bíblia em Judá — um real avivamento do estudo das Escrituras. Os líderes leram a Lei diante do povo, cujos ouvidos estavam atentos para ouvir o que Deus tinha a lhes dizer pelo Livro da Lei. Mas não foi somente um dia de leitura bíblica. Foi um tempo no qual houve verdadeira pregação, como indica esta passagem: "Leram o Livro da Lei de Deus, interpretando-o e explicando-o, a fim de que o povo entendesse o que estava sendo lido" (Neemias 8.8).

Aqui temos a definição bíblica de pregação. Nenhuma definição melhor pode ser dada. Para ler a Palavra de Deus com precisão — lê-la para que o povo possa ouvir e entender as palavras lidas; não para balbuciar, ler em voz baixa ou com indistinção, mas clara e ousadamente —, tal era o método seguido em Jerusalém naquele dia promissor. Além disso, o sentido das palavras estava claro na reunião diante da porta das Águas; o povo foi submetido a um alto nível de pregação expositiva. Aquela foi uma verdadeira pregação — do tipo extremamente necessário hoje, para que a Palavra de Deus tenha efeito nos corações. A reunião em Jerusalém certamente contém uma lição que os pregadores atuais deveriam aprender e reter.

Ninguém que tenha conhecimento dos fatos existentes negará a falta comparativa de pregação

14. A oração e a casa de Deus **149**

expositiva no púlpito hoje. E ninguém — imaginamos — fará nada além de lamentar tal falta. A pregação de tópicos, polêmica, histórica e outras formas de sermão têm seu uso justo e oportuno. Mas a pregação expositiva — a exposição em oração da Palavra de Deus é a pregação digna de assim ser chamada — é um trabalho de *excelência* do púlpito.

Para sua bem-sucedida realização, porém, o pregador necessita ser um homem de oração. Para cada hora despendida em sua mesa de estudo, terá que despender de duas horas ajoelhado. Para cada hora de devoção lutando com uma passagem confusa das Sagradas Escrituras, deve haver duas nas quais se encontre lutando com Deus. Oração e pregação; pregação e oração! Não podem separar-se. O clamor antigo era: "Para as suas tendas, ó Israel". O clamor moderno deveria ser: "Aos joelhos, ó pregadores, aos joelhos!".

SÉRIE:
VIDA DE ORAÇÃO

Leia também...

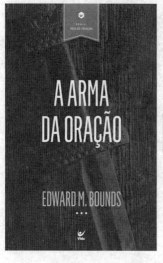

A ARMA DA ORAÇÃO

A ORAÇÃO É AMPLA E NECESSÁRIA, UMA INSPIRAÇÃO MAIS ELEVADA

Nada é mais importante para Deus do que a oração ao lidar com a humanidade. Mas orar também é muito importante para o homem. Fracasso na oração é fracasso em todos os aspectos da vida. É uma falha de dever, serviço e progresso espiritual. Deus deve ajudar o homem através da oração. Portanto, aquele que não ora priva-se do auxílio de Deus e coloca Deus em uma posição em que não pode ajudar o homem. Se há amor para com Deus, o homem deve orar a ele. Fé e esperança, paciência e todas as belas e poderosas forças vitais da piedade estão secas e mortas em uma vida sem oração. A vida individual do cristão, sua salvação pessoal e os benefícios cristãos pessoais têm sua existência, seu florescer e sua frutificação na oração.

**SÉRIE:
VIDA DE ORAÇÃO**

Leia também...

OS FUNDAMENTOS DA ORAÇÃO

O HOMEM DEVE SE ENTREGAR A DEUS EM ORAÇÃO COMO UM TODO

Em *Os fundamentos da oração*, E. M. Bounds afirma que a oração requer o homem por completo, e que ela o afeta com seus resultados de graça. Da mesma forma que toda natureza do homem entra em oração, tudo que pertence ao homem é beneficiado por ela. Grande parte dos resultados da oração se dá naquele que se entrega a Deus, com todo seu ser, com tudo que lhe pertence. Esse é o segredo da total consagração, e essa é a condição para uma oração bem-sucedida, do tipo que traz os melhores frutos.

SÉRIE:
VIDA DE ORAÇÃO

Leia também...

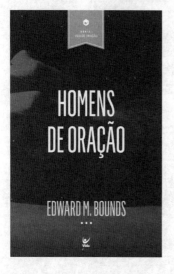

HOMENS DE ORAÇÃO

A ORAÇÃO É A
ESSÊNCIA DE GRANDES
E IMPORTANTES
LÍDERES

O Espírito Santo concederá ao homem de oração o brilho de uma esperança imortal, a música de uma canção imortal em seu batismo e comunhão com o coração, dará a esse homem as maiores e mais doces visões do céu até que as outras coisas percam o gosto e outras visões se tornem turvas e distantes. Ele colocará notas de outros mundos em corações humanos até que toda música do mundo seja dissonante e sem som.

Leia também...

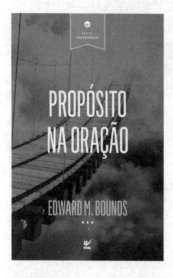

PROPÓSITO NA ORAÇÃO

DEUS MOLDA O MUNDO
PELA ORAÇÃO

Quanto mais oração houver no mundo, melhor será o mundo e mais poderosas serão as forças contra o mal em todo lugar. Uma das fases de operação da oração é desinfetante e preventiva. Ela purifica o ar; impede a propagação do mal. A oração não é algo espasmódico e efêmero. Não é uma voz que clama sem ser ouvida ou é ignorada em silêncio. É, sim, uma voz que chega aos ouvidos de Deus e que age enquanto o ouvido de Deus estiver aberto a súplicas santas, enquanto o coração de Deus estiver atuante para o que é santo.

Deus molda o mundo pela oração. As orações não morrem. As orações se perpetuam para além daqueles que as pronunciam; elas sobrevivem a uma geração, a uma época, a um mundo.

SÉRIE:
VIDA DE ORAÇÃO

Leia também...

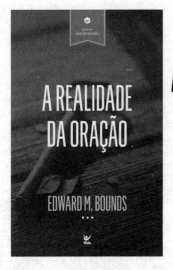

A REALIDADE DA ORAÇÃO

ORAR É DESFRUTAR DE DEUS

A oração sempre e em todo lugar é uma atitude imediata e confiante, e um pedido a Deus, o Pai. A oração universal e perfeita que é o modelo de toda oração é "Pai nosso, que estás nos céus!" (Mateus 6.9). No túmulo de Lázaro, Jesus levantou os olhos e disse: "Pai" (João 11.41). Na Oração Sacerdotal, Jesus ergueu os olhos ao céu e disse: "Pai" (João 17.1). Sua oração era pessoal, familiar e paternal. Forte, instrumental, tocante e com lágrimas.

Esta obra foi composta em *Berkeley*
e impressa por Exklusiva sobre papel
Offset 63 g/m^2 para Editora Vida.